Wim Wenders
und
Jacques Derrida

Zur Vereinbarkeit des Filmschaffens von Wim Wenders mit
Jacques Derridas dekonstruktiver Literaturtheorie

von

Matthias Ganter

Tectum Verlag
Marburg 2003

Ganter, Matthias:
Wim Wenders und Jacques Derrida.
Zur Vereinbarkeit des Filmschaffens von Wim Wenders mit Jacques Derridas
dekonstruktiver Literaturtheorie.
/ von Matthias Ganter
- Marburg : Tectum Verlag, 2003
ISBN 3-8288-8486-5

Tectum Verlag
Marburg 2003

Inhalt

Einleitung

Die vorliegende Arbeit soll untersuchen, ob es zwischen der dekonstruktiven Literaturtheorie Jacques Derridas und den Spielfilmen von Wim Wenders Übereinstimmungen gibt. Damit ist nicht unbedingt die Annahme verbunden, Wenders versuche, die Dekonstruktion als philosophische und literaturwissenschaftliche Theorie filmisch umzusetzen oder anzuwenden. Gegen eine solche Annahme sprechen von vorn herein zwei Argumente: Erstens widerspräche es dem Anliegen der Dekonstruktion, sie als geschlossene Theorie aufzufassen und als ein Ganzes im Film darzustellen. Die Dekonstruktion nach Jacques Derrida soll gerade kein neues Denksystem darstellen, das alte Systeme ablöst. Es geht vielmehr darum, die Vorstellung eines geschlossenen und gesicherten Denksystems prinzipiell als auf ungesicherten Prämissen fußend zu entlarven. Der Anspruch, mit seinem Denken endlich eine widerspruchsfreie Alternative bieten zu können, wird somit zurückgewiesen. Derrida bleibt größtenteils bewusst innerhalb der alten Denkweise und versucht, diese mittels subversiver Strategien zu erschüttern. In jedem Text, den er liest, sucht er nicht nach einer von vorn herein feststehenden Bedeutung. Und vor allem in den Texten der abendländischen Philosophie sucht er nach Widersprüchen, die die vorgebliche Eindeutigkeit als hinfällig entlarven. Die Dekonstruktion also als System mit einer festen Identität in Wim Wenders' Filmen zu suchen, würde die dekonstruktiven Anliegen verfehlen.

Als zweites Argument gegen ein solches Vorgehen wende ich ein, dass wir auch einem Spielfilm nicht gerecht würden, verstünden wir ihn lediglich als Ausdrucksmittel für ein bestimmtes Thema. Dieser Einwand betrifft meines Erachtens sowohl das Medium Spielfilm im allgemeinen, weil jeder Spielfilm eine gewisse Eigenständigkeit gegenüber seinem Thema aufweist und aufgrund seiner stärker intuitiv geprägten Entstehungsweise viele widersprüchliche Elemente enthält, die nicht zu einem geschlossenen System zusammenzufassen sind. Im Besonderen entziehen sich die Filme von Wim Wenders einer eindeutigen Festlegung auf ein Thema. Wenders' Filme zeichnet nicht zuletzt ihre Vielschichtigkeit aus, durch die auf einer Vielzahl von Ebenen eine bisweilen unzählbare Menge an Themen zu entdecken ist. Es ist Wenders' erklärter Wunsch, in seinen Filmen nicht eine klar zu deutende und von vorn herein feststehende Geschichte vorzugeben, sondern den Zuschauerinnen und Zuschauern die Freiheit zu lassen, je verschiedene Bedeutungen zu konstruieren und einen je eigenen Film zu sehen. Je nach der Perspektive ihrer/seiner Rezeption kann die Zuschauerin/der Zuschauer in den Filmen auf sehr unterschiedliche Themen treffen, deren Vielfalt sie/er kaum als ein Ganzes überschauen wird.

Bei diesem ersten Blick auf die beiden Gegenstände der vorliegenden Arbeit sind aber bereits Parallelen zu erkennen. Die Dekonstruktion wie auch Wim Wenders' Filme bilden keine abgeschlossenen und eindeutigen Systeme, und – das ist eine entscheidende Gemeinsamkeit – sie sind bewusst auf solche Offenheit hin angelegt. Derrida gleicht seine Philosophie der fiktionalen Literatur an. Einige seiner philosophischen Texte sind formal eher der letzteren Gattung zuzuordnen. Seine Philosophie steht nicht fest, sondern sie beschreibt eine Bewegung mit offenem Ausgang. Allgemein gleichen sich nach Derrida die Gattungen „philosophischer" und „literarischer" Text einander an und stehen sich gleichberechtigt auf einer Ebene gegenüber. Die wissenschaftliche Theorie steht zumindest nicht unangefochten auf einer Metaebene über der Literatur.

Was hier auf die Literatur angewendet wurde, betrifft ebenso auch andere Kunstformen und somit auch fiktionale Filme oder Spielfilme. Im Hinblick auf die Fragestellung der vorliegenden Arbeit ist das Verhältnis zwischen den Filmen von Wim Wenders und der dekonstruktiven Literaturtheorie nicht ein hierarchisches, bei dem die Literaturtheorie den Filmen als Metatext übergeordnet wäre. Die Filme können somit nicht als bloßes Mittel zur Veranschaulichung der dekonstruktiven Literaturtheorie verstanden werden, und ebenso wenig stellt die Dekonstruktion die Metaerzählung dar, nach deren Maßgabe den Filmen ihre Bedeutung zugeteilt würde.

Im Folgenden werde ich versuchen, Übereinstimmungen zwischen der Dekonstruktion und den Filmen von Wim Wenders aufzuzeigen sowie Unterschiede darzustellen.

Eine Frage, die zunächst un-dekonstruktiv erscheint, nämlich die nach der Intention des Autors, werde ich dennoch aufwerfen, wenn ich untersuche, ob Wenders in seinen Filmen dekonstruktive Absichten verfolgt. Selbstverständlich plädiert Derrida dafür, Texte in zumindest relativer Unabhängigkeit von ihrer Autorin/ihrem Autor zu rezipieren. Es lässt sich aber nicht vermeiden, auch den Autor in die Überlegungen mit einzubeziehen, wenn es darum geht, etwas über die Filme von Wim Wenders und ihr Verhältnis zur Dekonstruktion auszusagen. Ganz ohne Berücksichtigung ihres Autors könnte im Übrigen auch kein Text über die Dekonstruktion geschrieben werden. Es geht in der vorliegenden Arbeit nicht darum, Derridas Philosophie wie einem vorgezeichneten Weg zu folgen, sondern darum, sich ihr von ‚außen' zu nähern. Die Dekonstruktion als vorgezeichneten Weg zu verstehen, würde auch von Derridas Anliegen wegführen, eine nicht festlegbare und nicht abgeschlossene Bewegung zu beschreiben. Weiterhin erteilt Derrida keine Ver- oder Gebote bezüglich des dekonstruktiven Vorgehens. Das würde ja der Offenheit der Dekonstruktion und der von ihr propagierten Emanzipation der Rezeptionsseite zuwiderlaufen. Statt letztlich eine Perspektive auszuschließen, bekennt sich Derrida zur Aporie, die er nicht nur seinem eigenen Vorgehen, sondern jeder Denkmethode zugesteht.

Ich halte es nach diesen Überlegungen durchaus für gerechtfertigt, in Wenders' Filmen und in seiner Motivation nach Übereinstimmungen mit Derridas Dekonstruktion zu suchen, zumal ich mir bewusst bin, dass eindeutige Ergebnisse kaum zu erwarten sind.

Im Mittelpunkt der Untersuchung steht die Frage nach der Vereinbarkeit gegensätzlicher Anliegen, die Wenders' Filmschaffen prägen und die auch für Derrida zentral sind. Es handelt sich dabei einerseits um die Bemühung, einen totalitären Erzählkontext zu vermeiden und (relativ) unverbundene Bilder und Szenen den Zuschauerinnen und Zuschauern zur freien Verfügung zu stellen. Dies entspricht bei Derrida in etwa dem destruktiven Aspekt der Dekonstruktion, nämlich der Erschütterung traditioneller Gewissheiten. Jedoch ist sich Derrida auch der Notwendigkeit bewusst, der Destruktion etwas Konstruktives an die Seite zu stellen, damit seine radikale Metaphysikkritik nicht in völlige Sprach- und Tatenlosigkeit führt. Auch Wim Wenders entdeckt im Lauf seiner Tätigkeit das menschliche Bedürfnis nach Zusammenhang und legt immer stärkeren Wert auf Geschichten, die die einzelnen Szenen und Bilder ordnen.

Nun stellt sich die Frage, ob und wie sich die beiden Anliegen vereinbaren lassen, wie nämlich die angestrebte Freiheit vom zwingenden Kontext mit der ihr entgegengerichteten Notwendigkeit eines ordnenden Zusammenhangs in Einklang gebracht werden kann. Für Derrida ist eine Lösung des Dilemmas innerhalb des von ihm zwar kritisierten, aber nicht für Überwindbar gehaltenen metaphysischen Denkens unmöglich. Er entwickelt aber zugleich Konzepte, die über dieses Denken hinausweisen und eine Vereinbarkeit von Unvereinbarem annehmen. In Wenders' Filmen kann in dieser Hinsicht eine Reihe unterschiedlicher Versuche beobachtet werden, die beiden Bedürfnisse, die bei ihm oft mit den darstellerischen Prinzipien ‚Bild' und ‚Geschichte' zum Ausdruck kommen, zu verbinden. In meiner Untersuchung werde ich in besonderem Maß den Film *Der Himmel über Berlin* berücksichtigen, da dieser aufgrund seiner Entstehungssituation – er fällt in die Zeit, in der sich Wenders stärker den Geschichten zuwandte – und aufgrund seiner doppelten Struktur die beiden Prinzipien ‚Bild' und ‚Geschichte' besonders deutlich gegenüberstellt.

Nach einem Überblick über die dekonstruktive Literaturtheorie Derridas werde ich in den Spielfilmen von Wim Wenders nach Aspekten suchen, die mit der Dekonstruktion übereinstimmen oder zumindest Ähnlichkeiten mit ihr aufweisen. Den ersten Verbindungspunkt stellt die tendenzielle Dezentrierung der Handlung in Wenders' frühen Filmen dar. Anhand des Ver-

hältnisses von Bild und Geschichte, dem Wenders große Bedeutung beimisst, soll untersucht werden, wie die Filme zunächst die Eigenständigkeit
der einzelnen Bilder gegenüber einem erzählerischen Kontext behaupten,
und wie sich Wenders später mit wachsender Skepsis von den Bildern abwendet und eine größere Dominanz der Geschichten für nötig hält.

Daran anschließend kommt die Frage in den Blick, ob Wenders von Bild
oder Text die Repräsentation immaterieller Inhalte erwartet. Dieser Frage
soll zuerst hinsichtlich des Textverständnisses, das für Wenders beispielhaft in *Der Himmel über Berlin* thematisiert ist, nachgegangen werden. Unter Anderem wird dabei das für Wenders besonders wichtige Motiv der
Kindheit berücksichtigt. Die besondere Betonung der Rezeptionsseite, die
dabei sichtbar wird, stellt eine zusätzliche Parallele zu Derridas Literaturtheorie dar. Kapitel 2.3 bringt dann die Thematik der Repräsentation allgemeiner zur Sprache. Dazu werde ich die Darstellung verschiedener Ausdrucksmittel in Wenders' Filmen untersuchen. Die Untersuchungen werden
ständig von aufscheinenden Widersprüchen begleitet werden, so dass am
Ende der Arbeit gerade die Widersprüchlichkeit in Wenders' Filmemachen
mit Derridas dekonstruktiver Strategie in Verbindung gebracht werden
kann. Auch in dieser Hinsicht eignet sich *Der Himmel über Berlin* besonders, um Tendenzen, die mehr oder weniger für alle Wenders-Filme gelten,
exemplarisch darzustellen. Deshalb werde ich anhand dieses Films Wenders' Umgang mit der Widersprüchlichkeit darlegen: deren Bejahung und
seinen Versuch, mit ihrer Hilfe die einander ausschließenden Aspekte Zusammenhang und Vereinzelung doch zu vereinen oder zumindest einen
entsprechenden Kompromiss zu erreichen.

Die Arbeit richtet ihr Hauptaugenmerk auf die frühen Spielfilme von Wenders, da in diesen die deutlichsten Anknüpfungspunkte an Derridas Denken
zu finden sind. Als jüngster Film soll *Bis ans Ende der Welt* von 1991 eingehend behandelt werden. Dieser Film setzt als erster den Wandel in Wenders' Beziehung zu Bildern und Geschichten um, der sich in Teilen bereits
vorher in *Der Himmel über Berlin* angedeutet hatte. Die nachfolgenden

Filme weisen keine großen Neuerungen mehr auf. Wie zu zeigen ist, kann aber auch nicht von einem fundamentalen Bruch in Wenders' Filmschaffen gesprochen werden, der vor *Bis ans Ende der Welt* anzusetzen wäre und die Ästhetik der früheren Filme völlig ablösen würde. Viele der neueren Filme beziehen sich auf frühere Produktionen und knüpfen an deren Ästhetik und Handlung an. Sie zeigen zum Teil die in *Bis ans Ende der Welt* geforderte dominante Filmstory (etwa *In weiter Ferne, so nah!*), lassen aber immer wieder auch Wenders' alte Vorliebe für kontextfreie Bilder aufleben (besonders deutlich in *Lisbon Story*). Die neueren Filme werden hauptsächlich im Rahmen einer Diskussion um das veränderte Verhältnis von Bildern und Geschichten bei Wenders unter Punkt 2.1.1 überblicksartig beleuchtet.

Weiterhin ist anzumerken, dass viele der in der Arbeit oft zitierten Texte aus *Der Himmel über Berlin*, etwa die Dialoge der Engel und die Monologe Homers, nicht von Wim Wenders stammen, sondern von Peter Handke. In der vorliegenden Arbeit kann der Einfluss, den Handke auf diesen Film und auf Wenders ausgeübt hat, nicht erörtert werden. Die Dialoge sind zweifellos ein fundamentaler Bestandteil des Films. Wenders sagte darüber in einem Interview, die Texte Handkes „waren wie Inseln in dem Wust von Ideen, die ich hatte für den Film. Beim Drehen ging es darum, immer wieder auf eine der Inseln zu gelangen, ein Stück festen Boden unter die Füße zu bekommen und dann weiter zu schwimmen."[1] Auch wenn diese Texte Ähnlichkeit mit einer ganzen Reihe verschiedener Werke Peter Handkes aufweisen,[2] ist nicht zu vergessen, dass sie auch auf gemeinsamer Arbeit von Wenders und Handke beruhen.[3] Der Film mit seinen Dialogen reiht sich sehr homogen in Wenders' Filmografie ein. Mit Handke und seinem

---

[1]   Wenders, Wim, Mauern und Zwischenräume. Gespräch mit Jochen Brunow. In. Ders., The Act of Seeing. Texte und Gespräche. Frankfurt/M. 1992. S. 258f.

[2]   Vgl. Barry, Thomas F. "The Weight of Angels: Peter Handke and *Der Himmel über Berlin*." In: Modern Austrian Literature 23.3/4 (1993): 53-64.

[3]   „Dann hat es aber auch zehn Texte von Peter Handke gegeben, die wir am Anfang des Projekts gemeinsam erarbeitet haben. [...]" (Ebd. S. 258.)

literarischen Schaffen stand Wenders schon lange zuvor in enger Verbindung: die beiden sind persönlich befreundet und haben bereits früher gemeinsame Filmprojekte durchgeführt, so die Verfilmung von Handkes Roman *Die Angst des Tormanns beim Elfmeter* (1971) und den Film *Falsche Bewegung* (1975) mit einem Drehbuch von Handke. Zwischen Handkes Texten und Wenders' Filmen sowie dessen theoretischen Aussagen über sein eigenes Filmschaffen ist eine deutliche Nähe auszumachen, wie auch die künstlerische Entwicklung bei beiden in ähnliche Richtungen verlief. Eine Untersuchung, ob und wie weit nun Handke die Einstellung Wenders' zum Medium Film beeinflusst hat und ob vielleicht auch Handkes Mitarbeit am *Himmel über Berlin* ein auslösender Faktor für Wenders' Hinwendung zu geschlosseneren Geschichten darstellt, würde den Rahmen der vorliegenden Arbeit allerdings übersteigen.

Da in der bisher vorliegenden Sekundärliteratur die beiden Themen Dekonstruktion und Wim Wenders noch nicht eingehend miteinander verglichen wurden, stütze ich mich bei der Untersuchung von Wenders' Filmen hauptsächlich auf einen Aufsatz von Karsten Visarius[4], der Wenders' Problematisierung der sprachlichen Ausdrucksmittel in Bezug auf deren kommunikative Verwendbarkeit herausstellt, und auf Roger Bromleys Buch „*From Alice to Buena Vista. The Films of Wim Wenders.*"[5] Bromleys Interpretation orientiert sich vor allem an der Psychoanalyse und hebt die Thematik zwischenmenschlicher Beziehung in den Filmen hervor.

---

[4]   Visarius, Karsten, Das Versagen der Sprache. oder: His Master's Voice. In: Jansen, Peter W. und Schütte, Wolfgang (Hgg.), Wim Wenders. (=Reihe Film, 44.) München und Wien 1992. S. 43-64.

[5]   Bromley, Roger, From Alice to Buena Vista. The Films of Wim Wenders. Westport, CT, London 2001.

Für die Analyse von *Der Himmel über Berlin* erwiesen sich die Aufsätze von Daniela Berghahn[6], David Caldwell und Paul W. Rea[7] sowie von Roger Cook[8] als besonders ergiebig. Von großer Bedeutung für die Bearbeitung des Themas sind nicht zuletzt die Äußerungen von Wim Wenders zu seinen Filmen, die in verschiedenen Bänden zusammengefasst sind.

---

[6]   Berghahn, Daniela, '...womit sonst kann man heute erzählen als mit Bildern?' Images and Stories in Wim Wenders' *Der Himmel über Berlin* and *In weiter Ferne, so nah!* In: Morrison, Jeff und Krobb, Florian (Hgg.), Text Into Image: Image Into Text. Amsterdam - Atlanta 1997. S. 329-338.

[7]   Caldwell, David und Rea, Paul W., Handke's and Wenders's *Wings of Desire*: Transcending Postmodernism. In: The German Quarterly. Vol. 64, Number 1, 1991. Cherry Hill, New Jersey. S. 46-54.

[8]   Cook, Roger, Angels, Fiction and History in Berlin: Wim Wenders' *Wings of Desire*. In: The Germanic Review 66 (1991). S. 34-47. Wiederabgedruckt in: Cook, Roger und Gemünden, Gerd (Hgg.), The Cinema of Wim Wenders. Image, Narrative and the Postmodern Condition. Detroit 1997. S. 163-190.

1 Die dekonstruktive Literaturtheorie Jacques Derridas

Die auf Jacques Derrida zurückgehende Dekonstruktion bedeutet in erster Linie eine Form der Textlektüre. Derrida begründet im strengen Sinn kein neues Begriffssystem, keine neue philosophische Methode, sondern er sucht in der Begrifflichkeit vorhandener Texte nach den Elementen, die die jeweiligen Begriffe zwar (mit) hervorbringen, aber aus ihnen verbannt worden sind, um einen Text stringent und eindeutig erscheinen zu lassen. Somit fällt die Vorstellung von der Eindeutigkeit oder der abgeschlossenen Einheit eines Textes, wie auch die der Einheit eines Begriffs und weiterhin der Einheit des Subjekts. Die Dekonstruktion betrachtet Texte verschiedener Sorten und Gattungen auf der gleichen Ebene. Vor allem wird die Unterscheidung zwischen philosophischen und literarischen Texten aufgeweicht. Allerdings kommt den literarischen, d.h. fiktionalen Texten ein besonderer exemplarischer Stellenwert zu, da in ihnen schon immer ein gewisses Maß an Vieldeutigkeit vergleichsweise offen erkennbar und zugelassen war. Da für die Dekonstruktion keine ein für alle Mal feststehende Bedeutung im Text existiert, spricht sie auch der Autorin bzw. dem Autor und deren Intention keine beherrschende Rolle zu. Auf die Bedeutungskonstruktion hat die Leserin/der Leser nicht weniger Einfluss als die Autorin oder der Autor. Die LeserInnen lesen einen Text im Kontext anderer Texte und können verschiedenen Teilen je nach der Art der Lektüre unterschiedliche Bedeutungen zusprechen. Auch das Schreiben eines Textes geschieht immer in intertextuellem Zusammenhang, es beinhaltet also immer auch den Aspekt des Lesens. So gesehen wird eine fundamentale Unterscheidung zwischen LeserIn und AutorIn überhaupt hinfällig, denn beide sind sowohl an der Textproduktion, als auch an der -rezeption beteiligt. Dennoch kommt dem rezeptiven Aspekt in Derridas Textverständnis wie in seinem gesamten Denken aus strategischen Gründen eine herausragende Position zu.

Im folgenden Überblick möchte ich die Literaturtheorie Derridas knapp und nur fragmentarisch im Kontext von dessen Philosophie der Dekonstruktion darstellen. Ich beziehe mich dabei fast ausschließlich auf die frühen Schriften Derridas, da seine wichtigsten Konzepte zu Literatur, Text und Sprache in seine erste bis etwa 1972 dauernde Schaffensphase fallen.

1.1 Zeichentheorie

Dekonstruktive Literaturtheorie ist wie Derridas Philosophie überhaupt eng verbunden mit einer Auseinandersetzung mit der strukturalistischen Zeichentheorie Ferdinand de Saussures. Nach Saussure bezieht ein sprachliches Zeichen seine Bedeutung nicht aus einer ihm eigenen Qualität, sondern aus der Differenz zu den anderen Zeichen desselben Zeichensystems. Dadurch, dass sich ein Zeichen von allen anderen unterscheidet, erhält es eine bestimmte Bedeutung. Diese Bedeutung ist von der Struktur des Systems abhängig, in das es als Element eingeordnet ist. Das Ganze bestimmt die Bedeutung, die das einzelne Element annimmt. Saussure teilt das Zeichen in eine materielle Hälfte, den Signifikanten, und in eine geistige Hälfte der Bedeutung, das Signifikat. Die Beziehung zwischen dem Signifikat und dem Signifikanten ist willkürlich, *arbiträr*. Mit verändertem Kontext kann sich auch die Bedeutung eines Zeichens ändern. Diesen Gedanken der Differentialität übernimmt Derrida. Er geht allerdings bezüglich der Bedeutungskonstitution wesentlich weiter als Saussure. Während Saussure von einem Zeichensystem mit einer begrenzten Anzahl an Signifikaten ausgeht, in dem die Signifikate den Signifikanten relativ fest zugeordnet sind, gibt es für Derrida keine Begrenzung und keine feststehende Zuordnung bei der Bedeutungszuweisung. Derrida hält es auch nicht für möglich, eine feste Unterscheidung zwischen Signifikant und Signifikat vorzunehmen. Beide sind miteinander vermischt. Jedes Signifikat ist zugleich auch ein Signifikant, da es auf etwas anderes verweist, an etwas anderes erinnert. Um überhaupt als Signifikat erkannt werden zu können, muss es mit den anderen Signifikaten, die dem Rezipienten/der Rezipientin bekannt sind, seinem/ihrem Vorwissen, in Verbindung gebracht und verglichen werden. So wird ein Signifikat, indem es ein vorhergegangenes Signifikat wachruft und „abbildet" zugleich zum Signifikanten eben dieses älteren Signifikats. Und auch dieses vorhergehende Signifikat ist wiederum der Signifikant eines ihm vorhergegangenen Signifikats, auf das er verweist und so weiter. Signifikat und Signifikant sind in Form einer endlosen Kette miteinander verbunden. Derrida verdeutlicht diesen Gedanken anhand einer besonderen Signifikantenform, nämlich des Schriftzeichens: Das Signifikat des Schriftzeichens ist auf besonders evidente Weise zugleich auch Signifikant. Ein geschriebenes Wort bezeichnet ein gedachtes oder gesprochenes Wort. Dieses Wort bezeichnet wiederum eine Vorstellung oder ein Gefühl, ist also dessen Signifikant.[9] Ein ursprüngliches Signifikat, von dem alle Signifikanten und Signifikate abgeleitet wären, also den Anfang dieser Kette, zu erreichen, ist nicht vorstellbar. Derrida nennt ein solches ursprüngliches Signifikat das „transzendentale Signifikat". Er hält es für unmöglich, ein solches Absolutes, das außerhalb der Sprache gedacht werden muss, mit den in der Sprache gefangenen, oder immer schon mit der Sprache verbundenen Mitteln der menschlichen Wahrnehmung zu erreichen und präsent zu haben. In den Motiven der *Spur* und der *différance* richtet Derrida seinen Blick über die Sprache hinweg, allerdings nicht auf eine Existenz oder ein Existierendes außerhalb der Sprache, sondern auf ein nicht benennbares vollkommen Anderes, das als zeitliche und räumliche Differenz zwischen den Zeichen die Sprache ermöglicht, aber nicht zu ihr und nicht zum Sein gehört.[10]

---

9   Vgl. Renner, Rolf Günter, Die postmoderne Konstellation. Theorie, Text und Kunst im Ausgang der Moderne. Freiburg 1988. S. 234.

10   Hierzu: Derrida, Jacques, Die différance. In: Ders., Randgänge der Philosophie. Hg. v. Peter Engelmann. Wien² 1999. S. 31-56. (Erstauflage der deutschen Übersetzung 1988. Französisches Original: Marges de la philosophie. Paris 1972.)
Siehe zur *Spur* und zur *différance* auch die Punkte 1.5 und 1.6 der vorliegenden Arbeit.

Die möglichen Bedeutungen eines Zeichens sind nach Derrida unbegrenzt, weil jeder Signifikant eine unbegrenzte und unvorhersehbare Menge an Assoziationen auslösen kann und jedes Signifikat auf unbegrenzt viele andere Signifikate verweist.

> Es ist dies auch der Augenblick, da infolge der Abwesenheit eines Zentrums oder eines Ursprungs alles zum Diskurs wird – vorausgesetzt, man kann sich über dieses Wort verständigen –, das heißt zum System, in dem das zentrale, originäre oder transzendentale Signifikat niemals absolut, außerhalb eines Systems von Differenzen, präsent ist. Die Abwesenheit eines transzendentalen Signifikats erweitert das Feld und das Spiel des Bezeichnens ins Unendliche.[11]

1.2 Metaphysikkritik

Dass Derrida Saussures Unterscheidung zwischen materiellem Signifikant und geistigem Signifikat ablehnt, ist im Kontext seiner Metaphysikkritik zu sehen. Laut Derrida ist die abendländische Denktradition vom metaphysischen Denken beherrscht.[12] Er verwendet für dieses Denken auch den Begriff „Logozentrismus", mit dem er auf die zentrale Rolle anspielt, die dem Wort (griechisch *logos*), verstanden als feste Einheit von Materialität und Sinn, in der westlichen Tradition zugesprochen wird. In Bezug auf die Privilegierung der Stimme vor der Schrift in der abendländischen Philosophie spricht Derrida auch vom „Phonozentrismus". Das metaphysische oder logozentrische Denken gründet sich laut Derrida auf ein Fundament, das nur

---

[11] Derrida, Jacques, Die Struktur, das Zeichen und das Spiel im Diskurs der Wissenschaften vom Menschen. In: Ders., Die Schrift und die Differenz. Frankfurt/M. 1976. S. 424. (Französisches Original: L'écriture et la différence. Paris 1967.)

[12] Derrida knüpft in seiner Metaphysikkritik an eine Reihe von Philosophen an, die beanspruchten, das metaphysische Denken zu destruieren und es als Epoche abzuschließen. Dazu zählen vor allem Nietzsche und Heidegger. Ein wichtiger Unterschied zu ihnen ist allerdings, dass Derrida die Metaphysik nicht für vollständig überwindbar hält. (Siehe dazu auch die folgenden Ausführungen der vorliegenden Arbeit.)

vorgeblich sicher ist. Diese Sicherheit wird der Realität nicht gerecht. Derrida legt offen, dass die Prämisse der abendländischen Philosophie als Wissenschaft keineswegs wissenschaftlich gesichert ist, sondern vielmehr, einem Mythos gleich, einfach gesetzt wurde. Die abendländische Denktradition seit Platon geht zurück auf die Vorstellung von der unmittelbaren Anwesenheit eines absoluten Prinzips vor bzw. außerhalb der menschlichen Lebenswelt und vor/außerhalb der Sprache, eben eines transzendentalen Signifikats. Derrida beschreibt die Funktionsweise eines solchen anwesenden Prinzips mit der Unterscheidung zwischen Zentrum und Struktur. Ein Prinzip bildet (nach Derrida) das Zentrum eines strukturellen Systems, eines Denk- oder Zeichensystems. Das Zentrum ordnet die ansonsten im freien Spiel begriffenen Elemente der Struktur zur Mitte hin, gibt der Struktur dadurch die Geschlossenheit eines Systems, eine Identität. Das Zentrum gehört einerseits zu der Struktur, unterscheidet sich andererseits aber von ihr und steht somit außerhalb der Struktur und des Systems:

> Man hat daher immer gedacht, daß das seiner Definition nach einzige Zentrum in einer Struktur genau dasjenige ist, das der Strukturalität sich entzieht, weil es sie beherrscht. Daher läßt sich vom klassischen Gedanken der Struktur paradoxerweise sagen, daß das Zentrum sowohl *innerhalb* der Struktur als *auch außerhalb* der Struktur liegt. Es liegt im Zentrum der Totalität, und dennoch hat die Totalität *ihr Zentrum anderswo*, weil es ihr nicht angehört. Das Zentrum ist nicht das Zentrum.[13]

Durch seine doppelte Zugehörigkeit kann das Zentrum die Struktur außerhalb ihrer selbst verankern. Das Zentrum ist von der unberechenbaren Bewegung, dem Spiel der Elemente unbetroffen, es steht außerhalb fest und begründet somit die physische Struktur sicher im Metaphysischen. Es steht durch diese doppelte Zugehörigkeit allerdings im Widerspruch zu sich selbst („Das Zentrum ist nicht das Zentrum"). Der Widerspruch erschüttert den metaphysischen Satz der Totalität, der intakten Geschlossenheit des zentrierten Systems.

---

13 Derrida, Jacques, Die Struktur, das Zeichen und das Spiel. A.a.O. S. 423 (Hervorhebungen übernommen).

Derrida stellt wie oben bereits bemerkt heraus, dass ein Zentrum gar nicht notwendig existiert. Er spricht von einem epistemologischen Bruch, einem Bruch in der Geschichte des Strukturbegriffs, nach dem die Anwesenheit eines Zentrums zweifelhaft geworden ist.[14] Laut Derrida wurde vor diesem Bruch ein begründendes Zentrum lediglich als vorhanden erklärt, um der Struktur der Elemente eine feste Begrenzung zu geben und damit dem Bedürfnis nach Sicherheit vor dem unberechenbaren Spiel der Elemente nachzukommen.[15] Die Begrenzung oder Reduktion der Strukturalität geschieht gewaltsam, indem dieses Spiel in einem beliebigen Punkt, der zum Zentrum erklärt wird, unterdrückt wird („Im Zentrum ist die Permutation oder Transformation der Elemente (die übrigens Strukturen sein können, die in einer Struktur enthalten sind) untersagt."[16]).

An die Stelle der „zentrierten Struktur", des „begründeten Spiels" setzt Derrida das freie Spiel der Elemente in Abwesenheit eines Zentrums, ein System ohne Zentrum. Er betreibt eine Dezentrierung der Sprache und

---

14   Ebd. S. 422.
      Dieser epistemologische Bruch ist jedoch kein striktes Ende und Übergang in eine neue Epoche, kein Paradigmenwechsel, wie Ralf Tonn sagt: „Da es sich bei diesen Folgen des in ‚Structure, Sign and Play' angekündigten epistemologischen Bruchs jedoch nicht um einen Paradigmenwechsel auf terminologischer Ebene handeln kann, was die Dekonstruktion zu einer Modeerscheinung degradieren würde und ihrer Auflösung in hermeneutische Strukturen gleichkäme[...]" (Tonn, Ralf, Zwischen Rezeption und Revision: Derrida in der amerikanischen Literaturwissenschaft, mit besonderer Berücksichtigung der ‚Yale-critics'. Europäische Hochschulschriften: Reihe 14, Angelsächsische Sprache und Literatur, Bd. 369. Frankfurt a. M. u.a. 2000. S. 35.)

15   „Und wie immer gibt die Kohärenz im Widerspruch einer Begierde Ausdruck. Der Begriff der zentrierten Struktur ist in der Tat der Begriff eines *begründeten* Spiels, das von einer begründenden Unbeweglichkeit und einer versichernden Gewißheit, die selbst dem Spiel entzogen sind, ausgeht. Von dieser Gewißheit her kann die Angst gemeistert werden, die stets aus einer gewissen Art, ins Spiel verwickelt zu sein, vom Spiel gefesselt zu sein, mit Beginn des Spiels immer schon in der Weise des Im-Spiele-Seins zu sein, entsteht." (Derrida, Jacques, Die Struktur, das Zeichen und das Spiel. A.a.O. S. 423.)

16   Ebd. S. 422f.

ebenso des Bewusstseins und des Subjekts, die die metaphysischen Begriffe der Identität, des Subjekts und des sich selbst gegenwärtigen Bewusstseins erschüttert.[17]

Die Präsenz wurde im Lauf der Tradition verschiedenen Konzepten oder Namen zugesprochen: Gott, dem (menschlichen) Geist, der Idee oder dem Bewusstsein.

> Das Zentrum erhält nacheinander und in geregelter Abfolge verschiedene Formen oder Namen. Die Geschichte der Metaphysik wie die Geschichte des Abendlandes wäre die Geschichte dieser Metaphern und dieser Metonymien. Ihre Matrix wäre [...] die Bestimmung des Seins als *Präsenz* in allen Bedeutungen des Wortes.[18]

Auf der Vorstellung von der Präsenz eines reinen Prinzips gründen alle Maßstäbe, nach denen Phänomene bewertet werden. Die Bewertung richtet sich immer nach der Nähe zu demjenigen metaphysischen Prinzip, das zum Zentrum der Weltsicht erklärt wurde. Durch die Bewertung entsteht eine Hierarchie: In binären Oppositionen wird der Begriff, der dem zentralen Prinzip am nächsten steht, positiv und der ihm gegenübergestellte negativ bewertet. So funktioniert die systematische Ausschließung oder Marginalisierung dessen, was nicht dem als Zentrum gesetzten metaphysischen Prinzip entspricht.[19]

---

[17] Siehe hierzu auch die Ausführungen zur Dekonstruktion des Selbstbewusstseins am Ende von Abschnitt 1.4 der vorliegenden Arbeit.

[18] Derrida, Jacques, Die Struktur, das Zeichen und das Spiel. A.a.O. S. 423f.

[19] „Sehr schematisch: eine Opposition metaphysischer Begriffe (zum Beispiel, Sprechakt/Schrift, Anwesenheit/Abwesenheit und so weiter) ist nie die Gegenüberstellung zweier Termini, sondern eine Hierarchie und die Ordnung einer Subordination." (Derrida, Jacques, Signatur Ereignis Kontext. In: Ders., Randgänge der Philosophie. Hg. v. Peter Engelmann. Wien² 1999. S. 350. (Erstauflage der deutschen Übersetzung 1988. Französisches Original: Marges de la philosophie. Paris 1972.).)
Für den in einer Opposition abgewerteten Pol benutzt Derrida auch das Wort „*Supplement*", nach Rousseau, der vor allem die Schrift abwertet, indem er sie

Wie ich bereits angedeutet habe, hat nach Derrida die Sicherheit, die mit der Prämisse des metaphysischen (oder logozentrischen) Denkens gewonnen wurde, keinen Bestand. Die Prämisse wurde nicht mit wissenschaftlichen Mitteln nachgewiesen, sondern schlichtweg (wie ein Mythos) angenommen bzw. gesetzt. Um das auf die nur vorgebliche Sicherheit gebaute Denksystem aufrechtzuerhalten, muss der Schein der Sicherheit, der sein Fundament darstellt, vor der Gefahr geschützt werden, als unwirklich entlarvt zu werden. Dazu ist es nötig, diejenigen Elemente des Systems, die seinem Zentrum und damit seiner Kohärenz nicht entsprechen, und die deshalb die Illusion der Kohärenz gefährden, wenigstens tendenziell auszuschließen, an den Rand zu drängen. Somit kann gesagt werden, dass im metaphysischen Denken von vorn herein Gewalt angelegt ist. Diese wirkt sich auch auf andere Ebenen, etwa auf soziale Strukturen, aus.

Beispiele für die Marginalisierung und Ausgrenzung von Elementen, Menschen, Gedanken oder Lebensweisen, die nicht in die vorherrschende Denkstruktur passen, lassen sich in der abendländischen Geschichte in erschreckendem Maß und auf allen Ebenen des privaten und öffentlichen Lebens benennen.

---

als „gefährliches Supplement" der Rede bezeichnet. Laut Derrida übersieht Rousseau jedoch die in dieser Hierarchisierung enthaltene Widersprüchlichkeit, die er die „Logik der Supplementarität" nennt: Indem Rousseau die Schrift als Supplement, also als Ergänzung der Rede bezeichnet, attestiert er zugleich der Rede eine Fehlerhaftigkeit, die ihre Erhabenheit in Frage stellt; denn die Rede benötigt offenbar eine Ergänzung. Damit wird auch sichtbar, dass der aufgewertete Pol in keiner geschlossenen Identität ruht. Die nötige Ergänzung, das Supplement, ist daher immer schon mit dem vermeintlich eigenständigen und einheitlichen Wesen der Rede verbunden. Das Supplement bedingt die vorgebliche Identität des aufgewerteten Pols und wird gerade durch seine Abwertung zugleich aufgewertet. Auf diese Weise verdeutlicht Derrida, dass eine strikte Unterscheidung zweier Begriffe nicht haltbar ist. (Vgl. Derrida, Jacques, Grammatologie. Frankfurt/M. 1974. (Französisches Original: De la grammatologie. Paris 1967). S. 371. Vgl. Köpper, Anja, Dekonstruktive Textbewegungen. Zu Lektüreverfahren Derridas. Wien 1999. S. 19f. Siehe zu dieser Problematik auch Kap. 1.3 und 1.4 der vorliegenden Arbeit).

Was über das Denken gesagt wurde, trifft auch auf die Sprache zu. Das Denken ist nach Derrida von Anfang an untrennbar mit der Sprache verbunden. Alles, was gedacht wird, ist schon mit einem materiellen Artikulationsprozess verwoben.[20]

1.3 Subversive Strategie

Es ist laut Derrida allerdings nicht möglich, ganz aus dem Denken wie aus der Sprache der Metaphysik auszusteigen. Eine Sprache ohne die metaphysischen Begriffe ist für ihn nicht vorstellbar. Denjenigen Denkern, die vor ihm beanspruchten, die Metaphysik als Epoche abgeschlossen und überwunden zu haben (Nietzsche, Freud und Heidegger), hält Derrida vor, dass die destruktiven Methoden, die sie der Metaphysik entgegengestellt haben, genau betrachtet doch denselben metaphysischen Prinzipien und Strukturen unterworfen sind. Durch solche Ansätze wird das metaphysische Denken also nicht abgelöst, sondern ungewollt sogar bestätigt. Über Nietzsches, Freuds und Heideggers Versuche, die metaphysischen Diskurse zu destruieren schreibt Derrida:

> Diese destruktiven Diskurse (und alles ihnen Entsprechende) sind aber allesamt in einer Art von Zirkel gefangen. Dieser Zirkel ist einzigartig; er beschreibt die Form des Verhältnisses zwischen der Geschichte der Metaphysik und ihrer Destruktion: *es ist sinnlos*, auf die Begriffe der Metaphysik zu verzichten, wenn man die Metaphysik erschüttern will. Wir verfügen über keine Sprache – über keine Syntax und keine Lexik –, die nicht an dieser Geschichte beteiligt wäre. Wir können keinen destruktiven Satz bilden, der nicht schon der Form, der Logik, den impliziten Erfordernissen dessen sich gefügt hätte, was er gerade in Frage stellen wollte.[21]

---

20 Vgl. Renner, Rolf Günter, Die postmoderne Konstellation. A.a.O. S. 232.
    Siehe außerdem die Ausführungen zur Dekonstruktion des Selbstbewusstseins
    am Ende von Abschnitt 1.4 der vorliegenden Arbeit.

21 Derrida, Jacques, Die Struktur, das Zeichen und das Spiel. A.a.O. S. 425.

Derrida will in Konsequenz dessen keine neue Denkmethode an die Stelle der metaphysischen setzen. Er versucht, die metaphysischen Strukturen/Denkmuster mit ihren eigenen Methoden zu unterminieren. Zu seiner subversiven Strategie gehört, dass Derrida sich den binären Oppositionen, auf die sich die metaphysische Struktur stützt, zuwendet und nicht sofort versucht, sie aufzulösen, sondern die sie beherrschende Hierarchie umkehrt. Mit der Umkehrung soll die zuvor marginalisierte Seite des jeweiligen Gegensatzpaares zum Ausgleich ins Zentrum gerückt werden. Dadurch geschieht noch etwas anderes: indem deutlich wird, dass die bislang für notwendig gehaltene Hierarchie genauso gut umgekehrt werden kann, zeigt sich deren Willkürlichkeit. Das bestimmende Zentrum verliert seine totalitäre Macht, wenn offen gelegt wird, dass das absolut gesetzte Zentrum nur bedingt und austauschbar ist. Auf diese Weise gelingt es, die Strukturalität auch des Zentrums offen zu legen.

1.4 Die Vorgängigkeit der Schrift

Eine bei Derrida besonders bedeutsame binäre Opposition ist die Unterscheidung zwischen gesprochener und geschriebener Sprache. Sie ist für Derrida schon deshalb so wichtig, weil sie in der metaphysischen Tradition eine besonders herausragende Stellung einnimmt. Während in der traditionellen Hierarchie das gesprochene Wort der Schrift übergeordnet wird, weil es dem ursprünglich gedachten Gedanken näher stehe, dreht Derrida diese Wertigkeit um.

Im Verlauf der abendländischen Philosophie wurde der Stimme immer wieder eine absolute Nähe zum Sein zugesprochen. In der Stimme sei sich das Bewusstsein selbst präsent, während die Schrift, eine Stufe abstrakter, den ursprünglich in sie hineingelegten Sinn nicht mehr eindeutig erkennen lässt (so argumentieren beispielsweise Platon, Aristoteles und Rousseau). Die Stimme ist aufgrund der Unmittelbarkeit ihrer Äußerung das erste Medium, von dem die Schrift erst in einem späteren Schritt abgeleitet wird. Insofern kommt der Stimme ein Privileg zu.[22]

Derrida privilegiert dagegen die Schrift vor der Stimme und entzieht damit dem „Logozentrismus, der zugleich ein Phonozentrismus ist"[23], den Boden. Derrida weist darauf hin, dass der Zeichenbegriff, der für den Logozentrismus konstitutiv ist, also die Vorstellung eines Zeichens als Einheit von Materialität und Sinn, die Unterscheidung zwischen Signifikat und Signifikant immer impliziert, und dass in dieser Unterscheidung schon von vorn herein der Signifikant als Derivat oder Repräsentant des Signifikats abgewertet wird. Wenn nun der geschriebene und besonders marginalisierte Signifikant der Stimme vorausgehend gedacht wird, dann verliert mit der Stimme auch das unmittelbar mit ihr in Verbindung gebrachte Signifikat seine Dominanz. Mit der Dominanz des Signifikats fällt die Sicherheit, die aus dieser Idee gewonnen wurde; besser gesagt: die unbedingte Sicherheit des Signifikats wird als gesetzt, also als bedingt und unsicher, entlarvt. Denn das, was nach der Umkehrung dominiert, ist der (materielle) Signifikant, und alles Materielle ist erfahrungsgemäß unsicher und flüchtig. Auf diese Weise fällt überhaupt die Unterscheidung zwischen Signifikant und Signifikat, weil erstens nach der binären Hierarchie des Logozentrismus streng genommen nur das Dominierende nötig ist und das andere ausgeblendet werden könnte, wobei der Widerspruch übersehen wird, dass auch

---

22 Mit Anja Köpper ist darauf hinzuweisen, dass es im abendländischen Denken durchaus auch eine Argumentationslinie gibt, die die Schrift der gesprochenen Sprache vorzieht, mit der Begründung, dass die Schrift gerade aufgrund ihrer größeren Distanz zum unmittelbaren Affekt, wegen ihrer Materialität und wegen ihrer Dauerhaftigkeit ein höheres Maß an Allgemeinverständlichkeit und Eindeutigkeit böte. Derrida schließt diese Position, aus seinem Denken aus. Allerdings hat die Privilegierung der Stimme in der Tradition weitaus größeres Gewicht, und außerdem weicht Derridas Schriftbegriff, der auch die Stimme mit einschließt, von der Opposition von Schrift und Stimme erheblich ab. (Vgl. Köpper, Anja, Dekonstruktive Textbewegungen. Zu Lektüreverfahren Derridas. Wien (Passagen-Verlag) 1999. S. 23f.)

23 Derrida, Jacques, Grammatologie. A.a.O. S. 25.

jedes Dominieren immer eines Anderen bedarf. In Bezug auf die Schrift bedeutet dies den Widerspruch, dass die Schrift als (wegen ihrer Interpretierbarkeit) unsicheres Derivat oder als „gefährliches Supplement"[24] marginalisiert wurde, obwohl ohne sie die Stimme nicht über den Moment hinaus gesichert werden könnte und die abendländische Philosophiegeschichte gar nicht hätte geschrieben werden können.[25] Darüber hinaus ist ein Signifikat für einen dominanten Signifikanten eigentlich irrelevant, weil jenes aus seiner materiellen ‚Sicht' entweder selbst nur Signifikant eines anderen Signifikanten ist, oder als transzendentales Signifikat eine reine Idee ohne Verbindung zum erreichbaren Materiellen darstellt.

> Jedenfalls ist die Stimme dem Signifikat am nächsten, ob man es nun sehr genau als (gedachten oder gelebten) Sinn oder etwas weniger genau als Ding bestimmt. Jeder Signifikant, zumal der geschriebene, wäre bloß Derivat, verglichen mit der von der Seele oder dem denkenden Erfassen des Sinns, ja sogar dem Ding selbst untrennbaren Stimme [...]. Der Signifikant wäre immer schon ein technischer und repräsentierender, wäre nicht sinnbildend. Diese Derivation ist der eigentliche Ursprung des Begriffs des „Signifikanten". Der Begriff des Zeichens impliziert immer schon die Unter-

---

24 Rousseau in Essai sur l'origine des langues.

25 „Denn das Paradox dabei ist, daß die metaphysische Reduktion des Zeichens der Entgegensetzung bedurfte, die sie reduzierte. Die Entgegensetzung steht in systematischem Zusammenhang mit der Reduktion. Was wir hier über das Zeichen sagen, läßt sich auf alle Begriffe und auf alle Sätze der Metaphysik, insbesondere auf die Rede über „Struktur" ausdehnen." (Derrida, Jacques, Die Struktur, das Zeichen und das Spiel. A.a.O. S. 426.)
    Vgl. außerdem Joachim Valentin: „Daß in den Texten der Geschichte der Philosophie die Schrift als „umherirrend ohne ihren Vater" und „Schattenbild der lebendigen Seele" oder als „gefährliches Supplement" denunziert wird, obwohl ohne sie diese Geschichte nie hätte geschrieben werden können, entlarvt gleichzeitig die Marginalisierung von Schrift, Materialität und Absenz als sekundären Akt. Die Philosophie verdrängt die Frage nach ihrer eigenen Textualität und somit nach ihrer strukturellen Vermitteltheit. Stattdessen gibt sie sich dem Phantasma einer absoluten Gegenwart des Gedankens in der gesprochenen Sprache hin." (Valentin, Joachim, Atheismus in der Spur Gottes: Theologie nach Jacques Derrida. (Diss. zugl. 1996.) Mainz 1997. S. 32.)

scheidung zwischen Signifikat und Signifikant, selbst wo diese (Saussure zufolge) letzten Endes nichts anderes sind als die zwei Seiten ein und desselben Blattes. Unangetastet bleibt somit ihre Herkunft aus jenem Logozentrismus, der zugleich ein Phonozentrismus ist: absolute Nähe der Stimme zum Sein, der Stimme zum Sinn des Seins, der Stimme zur Idealität des Sinns.[26]

Freilich geht es Derrida nicht darum, die Schrift in einer dualistischen Gegenüberstellung über die Stimme zu erheben. Es zeichnete sich bereits ab, dass mit der von ihm privilegierten Schrift mehr zusammenhängt, als nur die geschriebene Sprache im herkömmlichen Sinn, die zur Repräsentation der gesprochenen Sprache dient. Derrida weitet seinen Schriftbegriff auf jede Form sprachlicher Äußerung aus, auch auf die mündliche. Im weitesten Sinn bezeichnet Derrida mit Schrift die Materialität der Sprache im Allgemeinen.

> Die Rede muß als eine Form der Schrift verstanden werden, als ein Beispiel des fundamentalen linguistischen Mechanismus, der in der Schrift sich manifestiert. [...] Die [...] [Saussuresche] Hierarchie, die aus der Schrift eine abgeleitete Form der Rede macht, einen der Rede hinzugefügten parasitären Modus der Repräsentation, wird umgekehrt, und die Rede wird als eine Form der Schrift dargestellt und erklärt. Dies führt zu einem neuen Begriff der Schrift: der Schrift überhaupt, von der die gesprochene Schrift und die graphische Schrift Unterarten wären.[27]

Mit der Ausweitung des Schriftbegriffs auf die gesprochene Sprache führt Derrida also vor Augen, dass auch die Stimme und die gesprochene Sprache materielle Phänomene sind. Sie sind als solche genauso von ihrem angeblich ursprünglichen Sinn verlassen wie die graphische Schrift: gesprochene Worte sind nicht etwa ,Schwingungen des Geistes', sondern Schallwellen, die reproduziert, interpretiert und manipuliert werden können, ebenso wie in Büchern gelagerte Worte. Andererseits ist natürlich auch die

---

26 Derrida, Jacques, Grammatologie. A.a.O. S. 25.
27 Culler, Jonathan, Dekonstruktion. Derrida und die poststrukturalistische Literaturtheorie. Reinbek 1988. S. 113. (Amerikanische Originalausgabe: On Deconstruction. Theory and Criticism after Structuralism. New York 1982.)

geschriebene Schrift wie die gesprochene von der Vergänglichkeit betroffen.

Dieses erweiterte Verständnis von Schrift, das Derrida in Absetzung vom herkömmlichen Schriftbegriff auch „mündige" Schrift oder „Urschrift"[28] nennt, muss letztlich auch die Gedanken mit einschließen. Es führt so zur Dekonstruktion des Selbstbewusstseins. Da, wie bereits gesagt, das Denken immer schon mit der Sprache verbunden ist, kann auch das Bewusstsein nicht mehr als immaterielles Prinzip betrachtet werden, das von den Strukturen der Sprache unabhängig wäre. Auch Gedanken sind als ununterscheidbar mit dem Zeichenmaterial verbundene Gebilde[29] dem Bereich des Materiellen zuzuordnen. Sie besitzen wie alle sprachlichen Elemente keine Selbstidentität, sondern sind von der (sprachlichen) Differenz bedingt. Auf diese Weise fällt die metaphysische Vorstellung vom Subjekt als gesicherter Einheit. Auch das Subjekt ist gespalten von der Differenz und gelangt nicht an einen Punkt, an ein Selbstbewusstsein, in dem es die Gegenwart seiner selbst erleben könnte. Keineswegs spricht Derrida jedoch dem Subjekt wie auch dem Sinn oder der Bedeutung seine Existenz ab, wie im folgenden Kapitel zu zeigen ist.

---

[28] „Derrida unterscheidet – zum erstenmal in seiner Lektüre G. Batailles – zwischen zwei Arten der Schrift: Der *unmündigen* oder *entmündigten* Schrift (auch „vulgärer Schriftbegriff"), der als bloßer identischer Wiederholung der gesprochenen Sprache und damit auch der Regungen des Geistes ihr fester Platz im System des abendländischen Denkens zugewiesen wurde (Repräsentations-Modell), und der *mündigen* Schrift oder Urschrift (*arché écriture*) oder Urspur (*arché trace*), die sich im herkömmlichen Schriftbegriff jedoch immer schon ankündigt." (Valentin, Joachim, Atheismus in der Spur Gottes. A.a.O. S. 45.)
Dazu v.a.: Derrida, Jacques, Von der beschränkten zur allgemeinen Ökonomie. Ein rückhaltloser Hegelianismus. In: Ders., Die Schrift und die Differenz. A.a.O. S. 380-421. Vgl. auch: Derrida, Grammatologie. A.a.O. S. 98f.

[29] Vgl. Renner, Rolf Günter, Die postmoderne Konstellation. A.a.O. S. 232.

1.5 Die Spur

Die Schrift ist für Derrida also weit mehr als ein Beispiel für die marginalisierte Seite einer binären Opposition. Ihr kommt eine wichtige Rolle zu, die nicht nur die Sprachtheorie Derridas betrifft, sondern sich auch subjekttheoretisch und zeitphilosophisch auswirkt.

Ein Begriff, mit dem Derrida dem zeitlichen oder historischen Ursprungsverweis begegnet, der der Schrift traditionell zugesprochen wurde, ist der Begriff der *Spur*. Auch dabei handelt es sich nicht wirklich um einen neuen Begriff, sondern um die Reaktion auf eine traditionelle Vorstellung, und zwar zugleich um deren Umkehrung und deren Bestätigung. Mit *Spur* bezeichnet Derrida im Gegensatz zum herkömmlichen Verständnis keine Spur von etwas propositional Beschreibbaren: Wie er zeigt, weist die traditionell verstandene Schrift gerade durch ihre Materialität auch über ihre Materialität hinaus, auf Bereiche, die dem Zugriff des Bewusstseins entzogen sind. Durch die – zeitlich bedingte – Abwesenheit ihrer Autorin/ihres Autors sowie die ihres Gegenstandes, ihrer Bedeutung, ist die Schrift ein Zeitzeugnis, ein Monument von etwas, das nicht mehr zugänglich ist. Derrida weist nun aber die Vorstellung zurück, dass die Autorin/der Autor oder die Bedeutung jemals in der Schrift gegenwärtig gewesen wären. Die Bedeutung entsteht schließlich durch die Differenz der Schriftzeichen, und die Schriftzeichen waren niemals mit ihrer Bedeutung identisch, sondern sind ihr gegenüber eigenständig, „mündig". An die Stelle einer (ursprünglichen) identischen Bedeutung setzt Derrida den Begriff der „*Spur*". Die Spur wird (gewissermaßen) von der Schrift repräsentiert, als Spur der Spur, sie ist aber nicht anwesend. Sie kann als Ursprung bezeichnet werden, um die traditionelle Vorstellung von einem (ehemals) anwesenden Ursprung zu dekonstruieren. Sie ist aber nicht wirklich ursprünglich, da sie immer abwesend bleibt. Der Ursprung der Spur liegt nicht in der Autorin/im Autor oder in einer verlorenen ursprünglichen Bedeutung der Schrift. Auch im Wunsch der Rezipientin bzw. des Rezipienten nach einer ursprünglichen Bedeutung wird sich ein Ursprung nicht finden lassen, denn wie die Schrift stellt auch das rezipierende Subjekt keine metaphysische Einheit dar. Die Spur führt also sowohl in die Vergangenheit, als auch in die Gegenwart und Zukunft des Rezipienten/der Rezipientin, denn sie stellt die nachträgliche Suche nach angeblich vergangener Bedeutung dar.[30] In keiner der Suchrichtungen trifft sie jedoch auf einen Ursprung, der propositional beschreibbar wäre.[31] Dennoch endet Derridas Spur nicht im Nichts, denn auch ein absolut zu verstehendes Nichts wäre ein propositionaler Begriff, der sich auf dualistische Weise von seinem Gegenteil abgrenzte. Der Ursprung, den Derridas Spur impliziert, ist in unserem binären Denken nur als Paradox vorstellbar: nämlich als etwas, das alle Widersprüche vereint und zugleich bestehen lässt. Das Konzept eines solchen Ursprungs, der zugleich vorstellbar und undenkbar ist, entwickelt Derrida in seinem Begriff der *différance* (vgl. unten Kapitel 1.6).[32]

---

[30] Somit gründet Derrida, genauso wie die Schrift, auch die Geschichte nicht auf einen vergangenen Ursprung. Geschichte und Schrift sind in diesem Sinne synonym. Zu Derridas Geschichtsbegriff vgl. Tonn, Ralf, Zwischen Rezeption und Revision. A.a.O. S. 29f. und S. 33-35.

[31] Um der Verwechslung der Spur mit einer Spur von etwas ursprünglich Anwesendem entgegenzuwirken, bezeichnet Derrida die Spur auch als „*Ur-Spur*": „Die Spur ist nicht nur das Verschwinden des Ursprungs, sondern besagt hier – innerhalb des Diskurses, den wir einhalten, und des Parcours, dem wir folgen –, daß der Ursprung nicht einmal verschwunden ist, daß die Spur immer nur im Rückgang auf einen Nicht-Ursprung sich konstituiert hat und damit zum Ursprung des Ursprungs gerät. Folglich muß man, um den Begriff der Spur dem klassischen Schema zu entreißen, welches ihn aus einer Präsenz oder einer ursprünglichen Nicht-Spur ableitete und ihn zu einem empirischen Datum abstempelte, von einer ursprünglichen Spur oder Ur-Spur sprechen. Und doch ist uns bewußt, daß dieser Begriff seinen eigenen Namen zerstört und daß es, selbst wenn alles mit der Spur beginnt, eine ursprüngliche Spur nicht geben kann." (Derrida, Jacques, Grammatologie. A.a.O. S. 107f.)

[32] Vgl. Valentin, Joachim, Différance und autonome Negation. Zur (Un)Vereinbarkeit von idealistischer Philosophie und Dekonstruktion. In: Valentin, Joachim / Wendel, Saskia (Hgg.), Unbedingtes Verstehen?! Fundamentaltheologie zwischen Erstphilosophie und Hermeneutik. Regensburg (Pustet) 2001, 103-114.

Im Begriff der Spur beschreibt Derrida also den Umstand, dass eine letzte Bedeutung in der Sprache immer bereits entschwunden ist und nie erreicht werden kann. Zurückgreifend auf Sigmund Freuds Traumdeutung und Jacques Lacans „symbolische Ordnung" beschreibt Derrida mit der Spur, die aus der (Ur-)Schrift aufscheint, den unendlichen Aufschub, den die Einlösung der Bedeutung auf dem Feld der sprachlichen Differenzen erfährt. Bei Lacan bedeutet der Eintritt in die symbolische Ordnung den Aufschub, der ein Kind von der ersehnten Einheit mit sich selbst und der Mutter trennt. In einem System von Symbolen, wie der Sprache, ist das eigentlich Gemeinte immer bereits durch Symbole ersetzt und nicht erreichbar; es war von Anfang an niemals gegeben, weil die Bedeutung der Symbole nur über ihre Differenz, nicht über einen vorstellbaren Kern möglich ist.[33] Dennoch gibt es die Sehnsucht (oder den Trieb) nach absoluter Nähe, Präsenz oder Einheit. Sie ist für den Menschen überlebensnotwendig und bildet im Zusammenspiel mit der irreduziblen Differenz sozusagen den ‚Motor' von Zivilisation und Kultur und des menschlichen Handelns überhaupt.[34] Für Derrida ist der Gegenstand dieser Sehnsucht, die Präsenz, aber niemals erreichbar. Er kann im Unendlichen lediglich gedacht werden, um etwa dem menschlichen Bedürfnis nach Sicherheit nachzukommen.[35]

---

[33] „Benennen, die Namen geben, die es unter Umständen untersagt ist, auszusprechen, das ist die ursprüngliche Gewalt der Sprache, die darin besteht, den absoluten Vokativ in eine Differenz einzuschreiben, zu ordnen, zu suspendieren. Das Einzige im System zu denken, es in das System einzuschreiben, das ist die Geste der Ur-Schrift: Ur-Gewalt, Verlust des Eigentlichen, der absoluten Nähe, der Selbstpräsenz, in Wahrheit aber Verlust dessen, was nie stattgehabt hat, einer Selbstpräsenz, die nie gegeben war, nur geträumt und immer schon entzweit, wiederholt, unfähig, anders als in ihrem eigenen Verschwinden in Erscheinung zu treten." (Derrida, Jacques, Grammatologie. A.a.O. S. 197.)

[34] Valentin, Joachim. Atheismus in der Spur Gottes. A.a.O. S. 46.

[35] „Die Einheit der Unendlichkeit muß also *gedacht* werden, bekundet sie sich doch, ohne in der Gegenwart zu erscheinen oder enthalten zu sein. So ist diese gedachte Einheit, die die Phänomenalisierung der Zeit als solcher möglich macht, immer eine Idee im Kantischen Sinne, die sich selber nie phänomenali-

Der Ursprung einer solchen Sehnsucht nach Einheit, die es innerhalb der Sprache und somit innerhalb der menschlichen Welt nicht gibt, kann nicht gedacht und nicht beschrieben werden. Der Schritt aus der Sprache hinaus ist logisch nicht (nach)vollziehbar. Demnach verneint Derrida einen solchen Ursprung keineswegs kategorisch, so wenig er sich auch affirmativ über ihn äußert.[36] Für Derrida verschwimmt die Grenze zwischen Diesseits und Jenseits: das, was traditionell als Jenseits bezeichnet wurde, will Derrida nicht einfach „abschaffen". Er zeigt allerdings auf, dass sich der metaphysische Begriff des Jenseits selbst widerspricht, da er gerade durch seine Nicht-Fassbarkeit, also seine Nicht-Begrifflichkeit, konstituiert wird. Da also das Jenseits nicht begrifflich festgelegt werden kann, muss auch die klare Unterscheidung zwischen Diesseits und Jenseits aufgegeben werden. [37] In Analogie dazu weicht Derrida die Unterscheidung zwischen Materialität und Bedeutung des Sprachzeichens auf, ohne dabei Bedeutung grundsätzlich zu verneinen (vgl. oben Kapitel 1.1). Bedeutung verteilt sich nach Derrida vielmehr auf alle Sprachzeichen, sie „disseminiert", ohne dass sie

---

siert." (Derrida, Jacques, Husserls Weg in die Geschichte am Leitfaden der Geometrie. Übersetzt v. R. Henschel u. A. Kop. München 1987. S. 182. Zitiert nach: Valentin, Joachim. Atheismus in der Spur Gottes. A.a.O. S. 47.

[36] Vgl. Valentin, Joachim, Atheismus in der Spur Gottes. A.a.O. S. 47f.

[37] Joachim Valentin zeigt unter anderem anhand von Derridas Dialog mit Emmanuel Levinas auf, dass Derrida das Argumentationsmuster des abendländischen Dualismus durchbricht, indem er auch die Begriffsopposition Transzendenz-Immanenz vermeidet (vgl. ebd. S. 87-110). In seinem Essay „Gewalt und Metaphysik", einer Auseinandersetzung mit der Philosophie Levinas', äußert Derrida etwa, dass eine reine Transzendenz, auf die der traditionelle Gottesbegriff abzielt, keineswegs widerspruchsfrei gedacht werden kann: „Wenn Gott [...] nichts Bestimmtes ist, kein Lebendiges, weil er alles ist, heißt das nicht, daß er gleichzeitig das Ganze und das Nichts, Leben und Tod ist? Das bedeutet, daß Gott in der Differenz zwischen Allem und Nichts, Leben und Tod usw. ist, erscheint oder *benannt wird*. In der Differenz, und im Grunde als die Differenz selbst. Diese Differenz ist das was man Geschichte nennt. Gott ist in ihr eingeschrieben." (Derrida, Jacques, Gewalt und Metaphysik. In: Die Schrift und die Differenz. A.a.O. S. 176. Zitiert nach Valentin, Joachim, Atheismus in der Spur Gottes. A.a.O. S. 97 (Hervorhebung übernommen).

in einem bestimmten Zeichen greifbar wäre. Bedeutung ist somit zugleich anwesend und abwesend. Auf diese Weise versucht Derrida, dem Dualismus von Materialität und Bedeutung zu entgehen.

1.6 Systemverschiebung und *différance* als Überschreitungen der binären Ordnung

Wie aus den vorangegangenen Ausführungen erkennbar wurde, ist die Dekonstruktion mit der Umkehrung der Hierarchie in den metaphysisch geprägten Gegensatzpaaren nicht an ihr Ende gekommen, sie stellt nur einen ersten Schritt dar. Als zweiter folgt ihr eine Systemverschiebung, die über die binäre Denkordnung hinausweist und innerhalb ihrer nicht zu begreifen ist.

> Die Dekonstruktion kann sich nicht auf eine Neutralisierung beschränken oder unmittelbar dazu übergehen: sie muß durch eine doppelte Gebärde, eine doppelte Wissenschaft, eine doppelte Schrift eine *Umkehrung* der klassischen Opposition *und* eine allgemeine *Verschiebung* des Systems bewirken. Allein unter dieser Bedingung wird die Dekonstruktion sich die Mittel verschaffen, um in das Feld der Oppositionen, das sie kritisiert, und das auch ein Feld nicht-diskursiver Kräfte ist, *eingreifen* zu können. [...] Die Dekonstruktion besteht nicht darin, von einem Begriff zu einem anderen überzugehen, sondern darin, eine begriffliche Ordnung ebenso wie die nichtbegriffliche Ordnung, an der sie sich artikuliert, umzukehren und zu verschieben.[38]

Es geht der Dekonstruktion ja nicht darum, die binäre Ordnung der Gegensatzpaare zu stützen und ausschließlich innerhalb dieser Ordnung die jeweils marginalisierte Seite hervorzuheben, sie sozusagen zu ‚rächen'. Die Dekonstruktion zielt durchaus auf die Überwindung der binären Oppositionen und des metaphysischen Denkens ab. Dieses Ziel hält Derrida aller-

---

[38]   Derrida, Jacques, Signatur Ereignis Kontext. A.a.O. S. 350. (Hervorhebungen übernommen)
Vgl. hierzu: Tonn, Ralf, Zwischen Rezeption und Revision. A.a.O. S. 49f.

dings für unerreichbar, denn er sieht jedes Denken schon immer und unhintergehbar an die metaphysischen Methoden der Begriffsbildung gebunden. Ohne Begriffe, und Begriffe sind immer mit der Metaphysik verbunden, wäre es nicht möglich, auch nur irgendetwas zu denken, zu schreiben, zu äußern, oder eben etwas zu dekonstruieren.[39] Weder eine Überwindung der Metaphysik, die diese vollkommen abschließen würde, noch das einfache Bleiben und Sich-Einrichten in dieser Denktradition ist also das Ziel der Dekonstruktion. Im Horizont des metaphysischen Denkens bedeutet dies eine widersprüchliche und ausweglose Situation, die eine philosophische Methode (zer)stört. Diese Aporie kennzeichnet das Denken der Dekonstruktion und führt es in gewissem Maß aus der Logik geschlossener Denksysteme heraus. Die Aporie kennzeichnet das dekonstruktive Denken aber nicht mehr als jedes andere Denken auch. Die Dekonstruktion deckt lediglich mit ihrer eigenen Aporie, ihrer eigenen Widersprüchlichkeit, auch die kaschierte Aporie des metaphysischen Denkens auf. So bringt Derrida beispielsweise in seiner Auseinandersetzung mit Rousseaus Supplement-

---

[39]   „Nehmen wir ein Beispiel unter vielen: Mit Hilfe des Begriffs des *Zeichens* erschüttert man die Metaphysik der Präsenz. Von dem Augenblick an jedoch, wo man damit, wie ich es nahegelegt habe, beweisen will, daß es kein transzendentales oder privilegiertes Signifikat gibt und daß das Feld oder das Spiel des Bezeichnens von nun an keine Grenzen mehr hat, müßte man sogar den Begriff und das Wort des Zeichens zurückweisen. Gerade dazu aber ist man nicht in der Lage. Denn der Ausdruck „Zeichen" wurde seinem Sinn nach stets als Zeichen-von, als auf ein Signifikat hinweisender Signifikant begriffen und bestimmt. Tilgte man die radikale Differenz zwischen Signifikant und Signifikat, müßte man das Wort für den Signifikanten selbst als einen metaphysischen Begriff aufgeben. [...] Wir können uns des Begriffs des Zeichens aber nicht entledigen, wir können auf seine metaphysische Komplizenschaft nicht verzichten, ohne gleichzeitig die kritische Arbeit, die wir gegen sie richten, aufzugeben und ohne Gefahr zu laufen, die Differenz in der Identität eines Signifikats mit sich selbst auszustreichen – eines Signifikats, das seinen Signifikanten in sich auflöst oder, was dasselbe ist, einfach von sich abstößt. [...] Was wir hier über das Zeichen sagen, läßt sich auf alle Begriffe und auf alle Sätze der Metaphysik, insbesondere auf die Rede über „Struktur" ausdehnen."
(Derrida, Jacques, Die Struktur, das Zeichen und das Spiel. A.a.O. S. 425f.)

Begriff die doppelte Logik zum Vorschein, die dem dualistischen Denken innewohnt und die es von innen heraus widerlegt.[40]

Mit seinem ‚Konzept' der *différance*[41] denkt Derrida nun, ähnlich wie im Begriff der *Spur*, über die Methoden der Metaphysik hinaus, obwohl dies nicht möglich ist. Mit dem als solchen immer noch metaphysischen Namen „*différance*" bezeichnet Derrida etwas absolut Anderes, das nicht benannt und nicht gedacht werden kann und das nicht *ist*. Die *différance* steht außerhalb des Seins. Sie ist auch kein Wesen, das sich in einer anderen, uns unzugänglichen Form des Seins aufhielte. Obwohl sie nicht ist, wirkt sie sich dennoch aus: die *différance* ‚ist' die Bedingung der Möglichkeit eines jeden (metaphysischen) Zeichens, eines jeden Begriffs und jeder Sprache, indem sie als die unsichtbare und stumme Differenz zwischen den Zeichen, dem Zwischenraum, deren Unterschied erst sichtbar oder hörbar werden lässt und damit Bedeutung erst ermöglicht. Die *différance* hat nicht Teil an den Gegensätzen, ohne die das Denken und die Sprache nicht auskommt, sondern sie verharrt zwischen dem Gegensätzlichen, z.B. in einer medialen Position zwischen aktiv und passiv. In ihr sind die Gegensätze zusammengestellt, vereint, ohne in einer Synthese aufgehoben worden zu sein, wie es etwa in der Dialektik Hegels geschieht.[42] Die *différance* steht jenseits aller Oppositionen, sie stellt das im metaphysischen Denken der Präsenz verschwiegene Spiel der Differenzen dar. „Dieses Unbenennbare ist jenes Spiel, das nominale Effekte bewirkt, verhältnismäßig einheitliche oder

---

40 Siehe oben Anmerkung 19.

41 Hierzu: Derrida, Jacques, Die différance. In: Ders., Randgänge der Philosophie. A.a.O. S. 31-56.

42 „Es ist evident – ist die Evidenz selbst, daß man das Ökonomische und das Nicht-Ökonomische, das Gleiche und das ganz Andere und so weiter nicht zusammen denken kann. Wenn die *différance* dieses Undenkbare ist, darf man sie nicht vorschnell zur Evidenz in dem philosophischen Element jener Evidenz erheben, die ihr Trügerisches und Unlogisches mit der Unfehlbarkeit des Kalküls [...] bald aufgelöst hätte." (Derrida, Jacques, Die différance. In: Ders., Randgänge der Philosophie. A.a.O. S. 48f.)

atomare Strukturen, die man Namen, Ketten von Namenssubstitutionen nennt, und in denen zum Beispiel der nominale Effekt „*différance*" selbst *herbeigeführt*, wiedereingeschrieben wird, als blinder Einstieg oder blinder Ausgang immer noch Teil des Spieles, Funktion des Systems ist."[43] Die *différance* vereint, wie bereits angedeutet, die gegensätzlichen Aspekte, die in der Sprache der Metaphysik nicht zusammen gedacht werden können und deren einer Teil deswegen verdrängt werden muss. Die Widersprüche, die das metaphysische Denken stören, treten nur im metaphysischen Denken, nicht für die *différance* auf.

Das Kunstwort *différance* bündelt eine Menge von Aussagen, die für Derridas Denken entscheidend sind. Es unterscheidet sich nur durch einen Buchstaben, durch das *a*, von dem französischen Wort *différence*. Der Unterschied ist nur beim Lesen bemerkbar, die Lautung des Wortes bleibt unverändert. Diese einseitige Unterscheidbarkeit veranschaulicht die Priorität der Schrift vor der gesprochenen Sprache und dekonstruiert den Begriff des Wortes als Einheit von Materialität und einem bestimmten Sinn.

Die doppelte Bedeutung des französischen Verbs *différer*, wie auch des lateinischen *differre*, „aufschieben" und „unterschieden sein", vereinigt die Aspekte der zeitlichen Differenz, des Aufschubs („*Temporisation*"), und der räumlichen Differenz der Zeichen, ihres Unterschieden-Seins.[44] Die zeitliche Differenz lehnt sich an Freuds „Sublimierung" der Lust nach dem Realitätsprinzip an. Danach wird die Erfüllung der Lust aufgrund realer Notwendigkeiten aufgeschoben, beispielsweise im Arbeiten.[45] Auf die Sprache bezogen bedeutet dies, dass im sprachlichen Zeichen niemals eine mit ihm identische Bedeutung, die der Lusterfüllung entspräche, gegenwärtig ist. Sie ist in diesem Sinne unendlich aufgeschoben. Betrachten wir den zeitlichen Aufschub in Verbindung mit der „räumlichen" Differenz der Zeichen, ihrer Nicht-Identität, durch welche bekanntlich erst eine Bedeu-

---

[43]   Ebd. S. 55f. (Hervorhebungen übernommen).
[44]   Ebd. S. 36f.
[45]   Ebd. S. 47f.

tung in der Sprache entsteht, so wird deutlich, dass ein Sprachzeichen niemals eine identische Bedeutung aufweisen kann.

Die Dekonstruktion bleibt innerhalb der Disziplin Philosophie[46] und lässt zugleich deren Methoden hinter sich. Eine von dieser Aporie gekennzeichnete Strategie, die auf die Umkehrung der Hierarchie in den Gegensatzpaaren folgt, ist die Verschiebung der Perspektive im Diskurs. Von der traditionell dominierenden ontologischen Frage nach dem Sein wird die Aufmerksamkeit zur Frage nach der Art und Weise des Vorgehens verschoben.[47] Es wird somit nicht mehr versucht, Argumentationen auf (vorgeblich) sichere Grundlagen zu stützen, was mittels möglichst eindeutiger Begriffsdefinition geschähe. Es wird darauf verzichtet, die benutzten Begriffe

---

[46] „Der von Derrida dargestellte epistemologische Bruch führt auch hier keinesfalls zur Ablösung eines klar umrissenen Denksystems durch ein anderes, das Projekt des Hinterfragens und Dekonstruierens philosophiegeschichtlicher Grundbegriffe nicht zur Zerstörung dieser Disziplin. Im Gegenteil verweist er auch hier auf den metaphysischen Gestus im vermeintlichen Schritt ‚aus der Philosophie heraus'" (Tonn, Ralf, Zwischen Rezeption und Revision A.a.O. S. 29.)

[47] In Bezug auf das „vorurteilsfreie Urteilen" zeigen Maximilian G. Burkhart und Anne Carolin Gaiser ein Beispiel für die dekonstruktive Verschiebung. Derrida beginnt seinen Vortrag über Lyotard mit der Frage „Wie Jean-François Lyotard beurteilen?" Damit ersetzt er die Frage „was ist urteilen?" durch die Frage „wie urteilen". Es geht dabei um den vorurteilslosen Anfang: „die Frage „was ist urteilen" würde bereits durch das Verfahren des Urteilens ein Vor-Urteil bedeuten" (Burkhart/Gaiser S. 48.):
„Mit der Frage *wie?* und nicht mit der Frage *was ist?* zu beginnen, kann darauf hinauslaufen, das klassische *Vorrecht* (*prérogative*) des Urteils zu suspendieren. Ein ontologisches Vorrecht, welches fordert, daß man zunächst das Sein sagt oder denkt, daß man sich zunächst über das Wesen, zum Beispiel einer Verfahrensweise, äußert, bevor man sich fragt, *wie* zu verfahren sei."(Derrida, Jacques, Préjugés. Vor dem Gesetz. Hg. v. Peter Engelmann. Wien 1992. S. 21. Zitiert nach: Burkhart, Maximilian G. und Gaiser, Anne Carolin, „Wenn man schon am Anfang zu stolpern beginnt..." Zu Theorie und Praxis der Dekonstruktion, am Beispiel Jacques Derridas Kafka-Lektüre *Préjugés. Vor dem Gesetz.* In: Jahraus, Oliver und Scheffer, Bernd (Hgg.), Interpretation, Beobachtung, Kommunikation: avancierte Literatur und Kunst im Rahmen von Konstruktivismus, Dekonstruktivismus und Systemtheorie. Tübingen 1999. S. 48.)

in ein abgeschlossenes System einzuordnen. An Stelle eines solchen auf statische Sicherheit bedachten Vorgehens initiiert die Dekonstruktion direkt eine Bewegung, deren Ausgang offen ist. Die offene Bewegung der Dekonstruktion gleicht sich damit auch dem konkreten Erleben an. In dieser Hinsicht steht sie der konkreteren Gattung der Literatur näher als der klassischerweise als Metatext verstandenen Philosophie.[48] Literatur und Wissenschaft stehen auf derselben Ebene. Maximilan G. Burkart und Anne Ca-

---

[48] Ebenso wie literarische Texte sind für Derrida auch Sachtexte nicht eindeutig und nicht frei von Widersprüchen, auch wenn sie als solche gehandelt werden. Da die Uneindeutigkeit in literarischen Texten besonders offensichtlich ist, gesteht ihnen Derrida eine privilegierte Stellung zu. Er setzt sie in die Position einer Meta-Sprache und kehrt damit die herkömmlichen Verhältnisse um, denn als Meta-Sprache wird traditionell die Sprache wissenschaftlicher Sachtexte über die der konkreten, vieldeutigen Literatur gestellt.
„Paradigmatisch für das ‚Urteilen ohne Kriterium', das ‚Gesetz ohne Gesetz' [...], mithin das Meta-Gesetz, ist die Literatur. Sie ist, für Derrida, Meta-Sprache im Sinne Lyotards, da sie ‚eine glaubwürdige Informationsquelle' lediglich für ihre eigene Sprache sein kann" (Burkhart/Gaiser. A.a.O. S. 50. Darin enthaltene Zitate: 1. und 2. Zitat: Derrida, Jacques, Préjugés. A.a.O. S. 24. 3. Zitat: de Man, Paul, Der Widerstand gegen die Theorie. In: Bohn, Volker (Hg.), Romantik, Literatur und Philosophie. Frankfurt/M. 1987. S. 92.)
Wenn Derrida die Literatur als Metasprache bezeichnet, dann will er damit nicht die hierarchische Denkordnung der Metaphysik erweitern. Vielmehr kommt es ihm darauf an, zu zeigen, dass auch die Texte der Wissenschaft und der Literaturkritik auf der selben Ebene stehen wie ihr Gegenstand, die Literatur. Der Sprache der Wissenschaft wird damit ihre vorgebliche Eindeutigkeit, die sie als Metasprache konstituierte, abgesprochen. Zugesprochen wird ihr stattdessen die selbe allgemeine Textualität, Ambivalenz und Selbstreferentialität wie der Literatur. Die Umkehrung bedeutet bekannter Weise den ersten Schritt in der dekonstruktiven Strategie. Als nächster Schritt folgt dann die „allgemeine Verschiebung des Systems" (vgl. Anm. 38), der etwas Ideales anhaftet. Sie beinhaltet auch die Verschiebung der Herangehensweise vom Fragen nach dem statisch (und präsent) gedachten „Wesen" oder „Kern" der Phänomene zu der konkreteren Hinwendung zu tatsächlich wahrgenommenen Vorgängen; also eine Bewegung weg von der Sicherung in einer postulierten absoluten Präsenz und hin zu einem vorurteilslosen und ungesicherten Umgang mit der Realität. Die Dekonstruktion ist so nicht als statisches System, sondern als Bewegung, zu verstehen.

rolin Gaiser sprechen von einer „'Literarisierung' des wissenschaftlichen Diskurses":

> Derrida inszeniert seine Wissenschaftskritik als Literatur und umgekehrt: „Diese Untrennbarkeit von Was und Wie, ja die Abhängigkeit des Einen vom Anderen, ist das Kennzeichen vor allem jener Sprechweise, die wir zumeist als ‚Literatur' bezeichnen".[49]

Dieses „Kennzeichen" der ‚Literatur' bestimmt ebenso andere künstlerische Formen und somit auch die Filme von Wim Wenders, die die vorliegende Arbeit behandelt.

Wie Anja Köpper jedoch anmerkt, ebnet Derrida den Gattungsunterschied zwischen Literatur und Philosophie nicht vollkommen ein, wie es ihm Jürgen Habermas vorwarf. Derrida zieht sich auch nicht aus der Philosophie in die Ästhetik zurück, sondern bewegt sich auf der Grenze zwischen beiden Gattungen, er nähert beide einander an, ohne sie dabei völlig gleichzusetzen.[50] Gerade das ist ja das Unbegreifbare der Dekonstruktion, dass sie, zwischen allen Kategorien, (Gattungs-) Unterschiede zugleich auflöst und bestehen lässt.

Die dekonstruktive Verschiebung bedeutet also auch eine Hinwendung der (geistes-)wissenschaftlichen Fragestellung zu einer konkreteren Bewegung, die die Grenzen der Gattungen und die Hierarchie der Ebenen bis zu einem

---

[49] Burkhart/Gaiser, „Wenn man schon am Anfang zu stolpern beginnt..." A.a.O. S. 53. Anm. 55.
Darin enthaltenes Zitat: Weber, Samuel, „Einmal ist Keinmal". Das Wiederholbare und das Singuläre. In: Neumann, Gerhard (Hg.), Poststrukturalismus. Herausforderung an die Literaturwissenschaft. Stuttgart/Weimar 1997. S. 438 bzw. S. 441.

[50] Köpper, Anja, Dekonstruktive Textbewegungen. A.a.O. S. 34. Darin Verweis auf Habermas, Jürgen, Überbietung der temporalisierten Ursprungsphilosophie: Derridas Kritik am Phonozentrismus und Exkurs zur Einebnung des Gattungsunterschieds zwischen Philosophie und Literatur. In: Habermas, Jürgen, Der philosophische Diskurs der Moderne. Frankfurt/M. [4]1993. S. 191-247. Vgl. außerdem Derridas Stellungnahme zu den Habermas' Kritik in: Derrida, Jacques, Positionen. Gespräche mit Henri Ronse, Julia Kristeva u.a. Graz/Wien 1986. S. 27-30.

gewissen oder besser: bis zu einem ungewissen Grad aufweicht. Auch die hierarchisch bestimmten binären Gegensätze überhaupt werden aus dieser Sicht irrelevant. Jede Art von Text versteht Derrida als keiner feststehenden Bedeutung verpflichtet. Es gibt kein sicheres Maß, nach dem eine Aussage beurteilt werden könnte, da kein absoluter Wert, Zentrum oder Sinn unmittelbar präsent ist, an dem sich eine Beurteilung orientieren könnte.

1.7 Der offene Text und die LeserInnen

Wie das Zeichen, das Bewusstsein und das Subjekt stellt für Derrida auch ein Text keine in sich abgeschlossene Einheit dar. Derrida zieht den Begriff „Text" dem Begriff „Buch" vor, weil letzterer eine metaphysische Abgeschlossenheit suggeriert.[51] Texte versteht er als offene Gebilde/Netzwerke, die intertextuell mit allen anderen Texten verknüpft werden, auf andere Texte „aufgepfropft" werden können.[52] Sie tragen keine feststehende Bedeutung, sie sind nicht originell. Sie sind auch nicht Ausdruck eines sich selbst präsenten Bewusstseins oder eines mit sich selbst identischen Subjekts, sondern sie sind Wiederholungen und Adaptionen/Variationen anderer Texte und als solche auch selbst unbegrenzt reproduzierbar.[53] Ebenso

---

[51] Derrida, Grammatologie. A.a.O. S. 35.

[52] „Schreiben heißt aufpfropfen (greffer). Es ist dasselbe Wort. Das Sagen der Sache ist an sein Aufgepfropft-Werden zurückgegeben worden. Das Aufpfropfen kommt nicht zum Eigen(tlich)en der Sache hinzu. Es gibt genausowenig mehr eine Sache, wie es einen ursprünglichen Text gibt." (Derrida, Jacques, Dissemination. Hg. v. Peter Engelmann. Übers. v. Hans-Dieter Gondek. Wien 1995. S. 402. (Französisches Original: La dissémination. Paris 1972.))

[53] Am Beispiel der Unterschrift verdeutlicht Derrida in Signatur Ereignis Kontext die Iterabilität auch jedes Textes und jeder Äußerung. Die Unterschrift, die eine vergangene Anwesenheit des Unterschreibenden zu implizieren scheint, „in einem Jetzt im allgemeinen, in der transzendentalen Form der Jetztheit", funktioniert andererseits nur durch ihre Wiederholbarkeit: „Aber die Bedingung der Möglichkeit dieser Auswirkungen ist gleichzeitig, noch einmal, die Bedingung ihrer Unmöglichkeit, der Unmöglichkeit ihrer strengen Reinheit. Um zu funktio-

wie in der endlosen Kette der Signifikanten sind auch die Bedeutungen der Texte immer zugleich auch selbst Texte. Eine ursprüngliche Bedeutung ist im Text ebenso wenig erreichbar wie ein transzendentales Signifikat im sprachlichen Zeichen. Und wie im Ertönen der Stimme nicht die oder der Sprechende präsent ist, so ist auch die Autorin bzw. der Autor und deren Intention nicht im Text gegenwärtig. Damit sind Texte selbstreferentiell, sie beziehen sich nicht auf einen festen Referenten, der außerhalb der textuellen Ordnung/Strukturalität steht. Die Bedeutung eines Textes kann somit nicht aus einem metaphysischen Referenten begründet werden. Jeder Text kann eine unbegrenzte Anzahl an Bedeutungen annehmen. Für die Bedeutungskonstruktion ist nicht allein der/die AutorIn zuständig, der/die ja bekanntlich abwesend ist, sondern ebenso sehr die Leserin/der Leser. Sie bzw. er kann einen Text gegen die Intention der Autorin/des Autors lesen und eine oder mehrere andere Bedeutungen in ihn hineinlesen, die der vorgeblichen argumentativen Einheit des Textes widersprechen und selbst den eindeutigsten Text als ambivalent entlarven. Gerade eine solche Lesart betreibt die Dekonstruktion.

Eine erneute Affirmation des hierarchischen Verhältnisses zwischen AutorIn und LeserIn wird bei Derrida vermieden, indem die Unterscheidung zwischen AutorIn und LeserIn generell hinfällig wird: Die Leserin bzw. der Leser ist zugleich AutorIn, weil sie/er dem Text mit jedem Lesen eine völlig neue Bedeutung zuschreibt. Die Autorin/der Autor ist immer auch LeserIn, weil sie/er einen Text nur in Bezug auf andere Texte produzieren kann.

Neben der Auflösung des hierarchischen Verhältnisses kommt aber auch Derridas Strategie der Umkehrung zum Tragen. In dem Maß nämlich, in dem die/der AutorIn ihre bzw. seine traditionelle Dominanz einbüßt, wird der/die LeserIn partiell auch aufgewertet. Auch wenn die klare Unterschei-

---

nieren, das heißt, um lesbar zu sein, muß eine Unterzeichnung eine wiederholbare, iterierbare, nachahmbare Form haben; sie muß sich von der gegenwärtigen und einmaligen Intention ihrer Produktion lösen können. Ihre Gleichheit ist es, die, indem sie Identität und Einmaligkeit verfälscht, das Siegel spaltet." (Derrida, Jacques, Signatur Ereignis Kontext. A.a.O. S. 349.)

dung von Rezeption und Produktion hinfällig wird, so bedeutet Derridas Textverständnis keine Homogenisierung der beiden Aspekte. Gerade ein logisch unbegreifbares ‚Dazwischen', das weder unterschieden, noch homogen ist, zeichnet ja das Verhältnis von Rezeption und Produktion bei Derrida aus. Die Unterscheidung der beiden Aspekte ist zugleich möglich und unmöglich. Unter Berücksichtigung dessen kann also doch, mit aller Vorsicht, von einer relativen, strategisch begründeten Hervorhebung der Rezeptionsseite bei Derrida gesprochen werden, die die Textbetrachtung sowohl der Leserin/des Lesers, als auch der Autorin/des Autors von der Suche nach einer festen Bedeutung befreit zur „Bejahung einer Welt aus Zeichen ohne Fehl, ohne Wahrheit, ohne Ursprung, die einer tätigen Deutung offen ist".[54]

Aus der hier gegebenen knappen Einleitung in die dekonstruktive Literaturtheorie dürfte hervorgegangen sein, dass bei Derrida kein Nihilismus an die Stelle eines gesicherten und geschlossenen Wertesystems tritt, nach dem traditionell jedem Text, jedem Textelement oder jedem Phänomen eine Bedeutung zugeordnet wird. Seine Dekonstruktion ist keineswegs mit bloßer Destruktion gleichzusetzen. Die ethische Implikation in Derridas Denken darf nicht übersehen werden: indem er die singulären Phänomene, seien es Menschen oder Texte, aus ihrem zwingenden Erklärungsrahmen befreit, lässt er ihnen eine Würdigung zukommen, die über das rational Fassbare hinausgeht und einen unerklärbaren ethischen Anspruch bezeugt. Ich habe bereits mehrfach angemerkt, dass Derrida Sinn oder Bedeutung nicht einfach verneint. Eine solche Verneinung wäre eine Verabsolutierung, die dem metaphysischen Muster entspricht, gerade indem sie es verneint. Es geht Derrida eben nicht um eine eindeutige Gegenüberstellung von Konstatierung und Abweisung von Bedeutung im Sinne eines gesicherten und klar

---

[54] Derrida, Jacques, Die Struktur, das Zeichen und das Spiel. A.a.O. S. 441. Vgl. hierzu auch: Derrida, Jacques, Die différance. In: Ders., Randgänge der Philosophie. A.a.O. S. 56. Vgl. außerdem Punkt 1.7 der vorliegenden Arbeit.

umrissenen Begriffs. Statt dessen transzendiert Derrida die dichotomische Logik und bewegt seine Dekonstruktion in der widersprüchlichen Spannung zwischen Präsenz und Absenz von Bedeutung bzw. Sinn. Er nennt diese mit diskursivem Denken nicht zu ergründende und widersprüchliche Bewegung zwischen den Kategorien das „*Spiel*".

Trotz aller Unsicherheit, Kontingenz und Widersprüchlichkeit, die er in seinem Denken aufdeckt, hält Derrida nicht düstere Nostalgie für angebracht, sondern in Anlehnung an Nietzsche vielmehr die „jeglicher Dialektik fremde Bejahung" als „Lachen und Tanz"[55]:

> Diese Situierung jenseits von Polarität ist übertragbar auf ein Wirken der Dekonstruktion jenseits einer Dichotomie von Metaphysik und Nihilismus bzw. einer letztlich metaphysischen Begründung im Nihilismus. Von letzterem setzt Derrida seinen Spielbegriff ab als „fröhliche Bejahung des Spiels der Welt".[56]

---

[55] Derrida, Jacques, Die différance. In: Ders., Randgänge der Philosophie. A.a.O. S. 56. Derrida spricht an dieser Stelle sogar vorsichtig von einer Hoffnung (ebd.).

[56] Tonn, Ralf, Zwischen Rezeption und Revision. A.a.O. S. 30f.
Zum Spielbegriff Derridas vgl.: Derrida, Jacques, Die Struktur, das Zeichen und das Spiel. A.a.O. S. 436-442; insbes. S. 441. Und: Ders., Grammatologie. A.a.O. S. 87.

2 Verbindungspunkte zwischen der Literaturtheorie Jacques Derridas und den Filmen von Wim Wenders

2.1 Die Auflösung des Handlungszusammenhangs: Text ohne feststehende Bedeutung. Die Opposition „Bilder – Geschichten" bei Wim Wenders

Im folgenden Teil dieser Arbeit soll in den Spielfilmen von Wim Wenders nach Verbindungen zu Derridas dekonstruktiver Literaturtheorie gesucht werden. Ich beginne, indem ich mich einem Aspekt zuwende, der besonders die früheren Filme bis einschließlich *Der Himmel über Berlin* betrifft. Dort findet sich immer wieder die Tendenz, feste Textzusammenhänge zu vermeiden und an deren Stelle die einzelnen Elemente wie Bilder und Textfragmente zu betonen. Bei vielen dieser Filme handelt es sich um Road Movies, in denen Erlebnisse aufeinander folgen, ohne dass diese von vorne herein geplant wären oder überhaupt einem eindeutigen Plan untergeordnet werden könnten. Das für diese offene Form maßgebliche Darstellungsmittel ist für Wenders das einzelne Bild, das keiner Geschichte unterworfen ist. Aus diesem Grund werde ich im folgenden Kapitel hauptsächlich die Opposition „Bilder – Geschichten" untersuchen. Ich weise ausdrücklich darauf hin, dass ich in diesem Kapitel mit den Bildern nur einen bestimmten Aspekt von Wenders' Filmschaffen hervorzukehren suche, nämlich den, der auf die Auflösung fester Handlungsstrukturen abzielt. Bilder sind somit eher im Sinn der Synekdoche als kontextfreie Einzelelemente zu verstehen. Dieses Bildverständnis betrifft nicht nur visuelle Bilder, sondern schließt auch bildhafte Sprachfragmente mit ein. Keinesfalls ist mit ihm die Vorstellung identischer Repräsentation verbunden.

Die Filme von Wim Wenders sind von einer Vielzahl von Gegensatzpaaren geprägt. Eines der grundlegendsten bilden die beiden darstellerischen Prinzipien Bild und Geschichte. Immer wieder thematisiert Wenders diese Gegenüberstellung. Für die Figuren seiner Filme innerhalb der Handlung wie auch für die Ästhetik der Filme, die Darstellung bzw. die Lenkung des Blicks auf die Welt, kommt der Opposition von Bild und Geschichte eine wichtige Funktion zu. Für Wenders stehen Bilder für eine Sichtweise der Welt, die sich dadurch auszeichnet, dass sie einzelne Erlebnisse wie einzelne Bilder nebeneinander stellt, ohne diese mit einem durchgängigen Sinn zu verbinden. Demgegenüber repräsentieren Geschichten für Wenders eine Weltsicht, die Einzelerlebnisse von Anfang an in einen vorgefertigten Kontext stellt. Sie weist den Erlebnissen als Elementen des Kontextes eine kontextgemäße Bedeutung zu. Somit entsteht eine lineare Erzählstruktur, in der das Chaos der Einzelerlebnisse weitgehend gebannt ist. Geschichten versteht Wenders, vor allem in seinen frühen Filmen, hauptsächlich als abgeschlossene Handlungen, die im Wesentlichen auf eine durchgängige und feste Bedeutung reduziert sind. Er privilegiert in seinen frühen Filmen die mit den Bildern assoziierte unzusammenhängende Weltsicht und wendet sie vor allem in seinen Filmen bis zu *Der Himmel über Berlin* an. In diesen Filmen lehnte er es ab, Bilder einer Geschichte zu unterwerfen. Die Bilder sollten allein, für sich selbst stehen. Bilder seien im Gegensatz zu Geschichten nicht einem bestimmten Zweck zuzuordnen:[57]

> Bilder sind sehr empfindlich, ein bißchen wie Schnecken, die sich zurückziehen, wenn man ihre Fühler berührt. Sie wollen nicht wie ein Pferd arbei-

---

[57]   Vgl. Berghahn, Daniela, "...womit sonst kann man heute erzählen, als mit Bildern?". Images and Stories in Wim Wenders' *Der Himmel über Berlin* and *In weiter Ferne so nah!* In: Morrison, Jeff und Krobb, Florian, Image into Text. Text into Image. Amsterdam - Atlanta 1997. S. 331.

ten; sie wollen nichts tragen und transportieren: weder Botschaft noch Bedeutung, weder Ziel noch Moral. Genau das wollen Geschichten.[58] Geschichten verfälschen seiner Meinung nach die Realität. Realistischer ist für Wenders das Chaos, die nicht zusammenhängende Abfolge unbeherrschbarer Einzelsituationen:

> Persönlich (genau deshalb habe ich Probleme mit Geschichten) glaube ich eher ans Chaos, an die unerklärliche Komplexität all der Ereignisse um mich herum. Im Grunde denke ich, daß die einzelnen Situationen nicht miteinander verbunden sind, und Erfahrungen bestehen in meinem Leben immer nur aus isolierten Situationen; nie ist mir eine Geschichte begegnet mit Anfang und Ende. [...] In Wirklichkeit, glaube ich, lügen Geschichten, besser gesagt: sie sind per definitionem Lügengeschichten.[59]

Eine so verstandene Geschichte, sei sie nun fiktional oder real, lässt deutliche Parallelen zu dem von Derrida kritisierten Denken der Metaphysik erkennen. Aus Wenders' oben zitierter Aussage kann gefolgert werden, dass es für eindeutige Zusammenhänge nötig ist, die widersprüchliche Realität zu verändern. Verändern bedeutet hier „reduzieren", denn um die unzähligen sich überlagernden und sich widersprechenden Erlebnisse in eine lineare Sinn-Ordnung zu bringen, muss die Bewegung der Ereignisse eingeschränkt, Komplexität reduziert werden. Die Ordnung als Ganze bestimmt die Bedeutung der Ereignisse. Sie sind Elemente eines in sich abgeschlossenen Systems. Mit Derrida kann hier von einer „zentrierten Struktur" gesprochen werden, deren Strukturalität reduziert ist[60]. Das freie Spiel der Elemente ist eingeschränkt zu Gunsten einer Ordnung, die sich auf ein Zentrum bezieht. Zentrum wäre in einer solchen Ordnung der Grund der Aussage, der Bedeutung der ganzen Geschichte, ihr Referent. Auch bei einer

---

58 Wenders, Wim, Unmögliche Geschichten. In: Töteberg, Michael (Hg.), Die Logik der Bilder. Essays und Gespräche. Frankfurt a. M. 1988. S. 71.

59 Ebd. Vgl. auch Berghahn, Daniela, "...womit sonst kann man heute erzählen, als mit Bildern?". A.a.O. S. 331.

60 Derrida, Jacques, Die Struktur, das Zeichen und das Spiel im Diskurs der Wissenschaften vom Menschen. A.a.O. S. 422ff.

fiktionalen Geschichte ist die Aussage außerhalb der Geschichte begründet. Diese Begründung kann der positivistische Glaube an die Gewissheit historischer Ereignisse sein, eine ethische Prämisse, die Intention der Autorin/des Autors oder ein anderes Prinzip, auf jeden Fall dasjenige, worauf sich die Geschichte bezieht. Innerhalb der Geschichte werden die Ereignisse nach der Übereinstimmung ihrer Bedeutung mit der zentralen Aussage hierarchisch geordnet. Ereignisse, die der zentralen Aussage widersprechen, werden ausgeschlossen oder marginalisiert. Die Bedeutung ist den Ereignissen oder Elementen vom Zentrum der Geschichte, von ihrem sie transzendierenden Referenten, zugewiesen. Sie steht fest, ebenso wie der Referent außerhalb der Geschichte. Der Referent weist nicht nur Bedeutungen zu, die ihm entsprechen, sondern auch solche, die ihm widersprechen. Denn die Gegenseite ist für die Konstituierung einer klaren Aussage ebenso notwendig: Bedeutung benötigt ihr Gegenteil, um sich abzugrenzen – hier tritt das Prinzip der Differentialität zu Tage. Dennoch, obwohl sie die gegenläufigen Elemente benötigt und deren Gegenläufigkeit selbst begründet hat, muss sie sie ausschließen. Ein metaphysisches System müsste letzten Endes diesen eben evident gewordenen Widerspruch vermeiden, was ihm aber nicht gelingen kann. Derrida deckt diesen oft versteckten Widerspruch immer wieder auf und hält ihn dem metaphysischen Bedeutungskonzept vor, von dem behauptet wird, es sei widerspruchsfrei.[61]

Wenders sieht in derart verstandenen Geschichten die Möglichkeiten und die Freiheit nicht nur der Elemente innerhalb der Geschichte, das sind die einzelnen Ereignisse, sondern auch der RezipientInnen eingeschränkt. Wie die einzelnen Ereignisse werden auch die Rezipientinnen und Rezipienten unter die Herrschaft der bereits vorgefertigten Bedeutungen gezwungen.

---

[61] „Denn das Paradox dabei ist, daß die metaphysische Reduktion des Zeichens der Entgegensetzung bedurfte, die sie reduzierte. Die Entgegensetzung steht in systematischem Zusammenhang mit der Reduktion. Was wir hier über das Zeichen sagen, läßt sich auf alle Begriffe und auf alle Sätze der Metaphysik, insbesondere auf die Rede über ‚Struktur' ausdehnen." (Ebd. S. 426.)

Die Freiheit, ihre eigenen Assoziationen spielen zu lassen und sich eigene Bedeutungen zu konstruieren, wird ihnen damit genommen. In Absetzung von der Methode der heutigen Filmindustrie Hollywoods, die den ZuschauerInnen eine durchgängig erzählte Geschichte zum weitgehend passiven Konsumieren vorgibt, äußerte Wenders in einem Interview:

> I really don't like so much the sort of movie where it's all spread out and you really sit there and it's poured over you and you have no choice: you see what they want you to see.[62]

1988 beschrieb Wenders in einem Gespräch, wie er sich seine Filme wünscht:

> Es gibt natürlich auch die anderen Filme, die sich dem Zuschauer so zeigen, daß er eine Freiheit hat, nämlich die Freiheit, den Film selbst zusammenzusetzen oder letzten Endes selbst zu entscheiden, welchen Film er sehen will. [...]
> Und ich bemühe mich, daß meine Filme dazugehören, daß sie also auch erst im Kopf eines jeden Zuschauers entstehen, daß sie nicht immer mit dem Finger auf etwas zeigen und sagen: das siehst du jetzt und nichts anderes! und das ist so und so zu verstehen! - sondern den Finger völlig wegziehen und die Dinge selbst ausbreiten, so daß man, wie im Leben auch, etwas sehen kann oder nicht.[63]

2.1.1   Das Verhältnis von Bildern und Geschichten in Wenders' Filmografie

Um der Totalität von Geschichten zu entgehen, gab Wenders den Bildern die Vorherrschaft. Bilder dominieren die Ästhetik der meisten seiner Filme bis zu *Der Himmel über Berlin*. Diese Filme sind vor allem von langen

---

62   Paneth, Ira, Wim and His Wings. In: Film Quarterly 42.1 (1988). Zitiert nach: Cook, Roger, Angels, Fiction and History in Berlin: Wim Wenders' *Wings of Desire*. In: The Germanic Review 66 (1991). S. 39.

63   Wenders, Wim, Das Wahrnehmen einer Bewegung. Gespräch mit Taja Gut vom 2. März 1988. In: Wenders, Wim, The Act of Seeing. Texte und Gespräche. Frankfurt am Main 1992. S. 42.

Einstellungen geprägt. Dialoge gibt es relativ wenige. Wenn die Figuren reden, dann äußern sie oft nur knappe Bemerkungen oder aber Monologe. Insgesamt entsteht der Eindruck von Beziehungslosigkeit und Vereinzelung. Ich werde auf diesen Aspekt noch einmal in Kapitel 2.3 zurückkommen.

Nach seiner anfänglich sehr starken Fixierung auf die Bilder entwickelte Wenders im Lauf seiner filmerischen Arbeit eine größere Wertschätzung für Geschichten. 1989 sagte er in einem Gespräch:

> Eigentlich war für mich das Wichtige das Bild, anfangs. Und ich habe dann nach und nach gelernt, zu diesen Figuren da ein Vertrauen zu bekommen, und daß da aus der Folge von Situationen und Bildern vielleicht auch irgendwann mal so etwas wie Geschichte entstehen kann. Und irgendwann sind dann Geschichten entstanden, und irgendwann habe ich auch gemerkt, was das für eine Kraft ist, Geschichten, und was für eine uralte Menschenkraft da auch drinsteckt. Irgendwann habe ich also auch Vertrauen in Geschichten bekommen.[64]

Bevor Wenders in *Der Himmel über Berlin* (1987) der Geschichte neben den Bildern eine sehr bedeutende Stellung zukommen ließ, durchlief er eine Entwicklung, die sich auch nach diesem Film weiter fortsetzte. Eine Abwendung vom Bild war zu bemerken, die Wenders mit dessen zunehmend exzessivem Gebrauch in der Gesellschaft, besonders in der Werbung, begründete:

> Die Werbung hat sich selbst unverzichtbar gemacht, unabkömmlich. Die Bilder sind dabei, zu einer Droge zu werden [...] Drogen bringen die Gefahr einer Überdosis mit sich. Was können wir tun, um uns zu schützen?
> Als Filmemacher habe ich herausgefunden, daß es für mich nur eine Möglichkeit gab, zu verhindern, daß meine Bilder von der Flut all der anderen mitgerissen wurden, daß sie dem Konkurrenzkampf und dem übermächtigen

---

[64]   Wenders, Wim, Die Wahrheit der Bilder. Zwei Gespräche mit Peter W. Jansen. In: Wenders, Wim, The Act of Seeing. Texte und Gespräche. Frankfurt/M. 1992. S. 57-87.

Geist der Kommerzialisierung zum Opfer fielen: Ich mußte EINE GESCHICH-
TE ERZÄHLEN.

[...]

Ich habe aus Fehlern gelernt: der einzige Schutz vor der Gefahr oder der
Krankheit eines selbst-gefälligen Bildes ist der Glaube an den Vorrang der
Geschichte. Ich habe gelernt, daß jedes Bild nur eine Wahrhaftigkeit im Be-
zug zu einer Figur innerhalb einer Geschichte besitzt.[65]

In *Bis ans Ende der Welt* von 1991 erscheinen Bilder dann als gefährliche
Droge und die Geschichte als Rettung. Der Erzähler Eugene Fitzpatrick
äußert in diesem Film den hohen Anspruch, den auch Wenders an Geschichten zu stellen scheint: „Ich schrieb, weil ich an die Wahrheit glaubte
und an die heilende Kraft von Worten und Geschichten."[66] Eugene heilt
Claire von ihrer ‚Krankheit der Bilder', indem er ihre Geschichte auf-
schreibt und sie ihr zu lesen gibt.

Das alles klingt so, als habe sich Wenders zu Beginn der 1990er Jahre völlig von der dekonstruktiven Auflösungstendenz seiner früheren Filme ab-
gewandt und traue nun plötzlich den Geschichten jene Repräsentation von
Wahrheit zu, die er zuvor bei ihnen vermisst und den Bildern zugesprochen
hätte. Wäre dies der Fall, so erübrigte sich der Vergleich von Wenders'
Tendenz zur Kontextlosigkeit mit der Dekonstruktion, da diese schwer mit
der Vorstellung identischer Repräsentation von Wahrheit im Bild vereinbar
wäre. Ich gebe aber zu bedenken, dass Wenders weder den Bildern zuvor
uneingeschränkt vertraut hatte, noch die Geschichte, wenn er seinen eigenen Argumenten folgt, als identischen Ausdruck von irgendetwas Sicherem
betrachten kann.

Wenders' Problematisierung der Bilder schlägt sich bereits in seinen früheren Filmen nieder. So äußert er schon immer seine Skepsis gegenüber der

---

65 Wenders, Wim, The Urban Landscape. Rede vor japanischen Architekten auf
einem Symposium in Tokyo am 12.10.1991. In: Ders., The Act of Seeing.
A.a.O. S. 121. (Hervorhebung übernommen)

66 Wenders, Wim, *Bis ans Ende der Welt*. Deutschland / Frankreich / Australien
1991.

Leistung der Bilder: In Wenders' früheren Filmen treten oftmals Personen auf, die sich selbst fotografieren, um ihre unsichere Identität festzuhalten. Das Bildermachen durchzieht leitmotivisch Wenders' gesamtes Werk. Vor allem Kinder stellen immer wieder den Wert solcher Bilder in Frage: z.b. in *Paris, Texas* (1984): Hunter, Travis' und Janes kleiner Sohn, bemerkt, dass die Bilder seiner Mutter in einem Film nicht seine Mutter selbst sind, sondern eben nur Bilder von ihr aus einer längst vergangenen Zeit.[67]

Bilder können vor allem die zeitliche Entwicklung und Veränderung von Personen nicht darstellen.[68] Geschichten scheinen für Wenders dazu eher geeignet. Auch früher schon zeigte Wenders, dass in Geschichten die in ständiger Veränderung begriffene Identität beschrieben werden kann: In *Im Lauf der Zeit* (1976) stellt sich Robert seinem Reisegefährten Bruno mit den Worten vor: "Ich bin meine Geschichte".[69] Gerade in diesem Film wird aber das von Robert verkörperte Prinzip ‚Geschichte' auch problematisiert. Seine Geschichte erscheint als zwingende Last, die er am Ende des Films von sich abstreift.[70] Durch die Implikation der ständigen Veränderung wird der Begriff der Identität überhaupt fraglich. Eine über die Zeit feststehende Identität, die etwa in Bildern wiedergegeben werden könnte, scheint nicht erreichbar. Zudem unterliegt die erzählerische Darstellung der vermeintlichen Identität immer der subjektiven Abweichung, die durch die Deutung und Selektion der Erzählerin/des Erzählers wie der Leserin oder des Zuschauers zustande kommt. Wie für Derrida dürfte also auch für Wenders keine sichere Identität erreichbar sein, weil jeder für präsent gehaltene Wesensinhalt in Wirklichkeit immer schon abhanden gekommen ist, einerseits

---

67   Vgl. Berghahn, Daniela, "...womit sonst kann man heute erzählen, als mit Bildern?". A.a.O. S. 332. Zur Problematisierung der Repräsentation bei Wenders siehe Kap. 2.3 der vorliegenden Arbeit.

68   Ebd. S. 332.
       Vgl. auch Cook, Roger, Angels, Fiction and History in Berlin. A.a.O. S. 40.

69   Vgl. Berghahn, Daniela, "...womit sonst kann man heute erzählen, als mit Bildern?". A.a.O. S. 332.

70   vgl. die Punkte 2.1.4.2 sowie 2.4.1 der vorliegenden Arbeit.

durch die Zeitlichkeit und andererseits durch den nichtidentischen subjektiven Blick.

Ich weise an dieser Stelle noch einmal darauf hin, dass Bilder im vorliegenden Kapitel meiner Arbeit und zum Teil auch für Wenders lediglich jene darstellerische Tendenz verdeutlichen sollen, die vom Kontext wegführt und die Derridas Dezentrierung des Textes entspricht. Mit Bildern soll hier gerade kein Konzept der Repräsentation verbunden werden. Die Thematik der Repräsentation wird in Kapitel 2.3 behandelt werden. Wenn Wenders sich im Lauf seiner filmerischen Arbeit von den Bildern abwendet, dann bedeutet das nicht unbedingt, dass er nun ein zur identischen Repräsentation geeignetes Ausdrucksmittel gefunden hätte, auch wenn eine solche Einschätzung aus seinem oben zitierten Vortrag[71] gelesen werden kann. Meines Erachtens lässt seine Hinwendung zu den Geschichten eher auf die stärkere Thematisierung der Nicht-Identität schließen, die sowohl Bilder, als auch Geschichten betrifft. Wenn er Geschichten nun als wahrheitsgemäßer bezeichnet, dann wohl eher in dem Sinne, dass gerade Geschichten die Unmöglichkeit identischer Repräsentation verdeutlichen und die Bilder ihre „Bedeutung" nur aus dem Kontext einer Geschichte erhalten.[72]

Die Bilder, so scheint mir, versteht Wenders im Lauf seiner Entwicklung nicht völlig neu, sondern er sieht sie eher aus veränderter Perspektive. Er betont nicht mehr ihren positiven Aspekt der Kontextfreiheit und der Verwendbarkeit zu freier Assoziation, sondern kehrt stärker den negativen

---

71   Wenders, Wim, The Urban Landscape. A.a.O. S. 121.

72   Ein solches im Einklang mit Saussure und, eingeschränkt, mit Derrida stehendes differentielles Bedeutungskonzept deutet Wenders in dem bereits oben genannten Vortrag an: „Ich habe gelernt, daß jedes Bild nur eine Wahrhaftigkeit im Bezug zu einer Figur innerhalb der Geschichte besitzt.
Wenn sich die Bilder zu ernst nehmen, so habe ich herausgefunden, reduzieren und schwächen sie die Figur. Und eine Geschichte mit schwachen Figuren besitzt keine Energie. Nur die Geschichte der Figuen gibt jedem einzelnen Bild seine Glaubwürdigkeit, sie ‚richtet eine Moral ein', um es im Jargon eines Bildermachers zu beschreiben." (Wenders, Wim, The Urban Landscape. A.a.O. S. 121.)

Aspekt ihrer Leere und ihrer Verwechslungsgefahr mit etwas Absolutem hervor. Dass Wenders den positiven Aspekt der Bilder dennoch nicht vergessen hat, zeigt sich sowohl in den Filmen, die nach 1991 entstanden sind, ich werde auf sie weiter unten noch eingehen, als auch in einem Teil von *Bis ans Ende der Welt*, der durch die Kürzung des Films verloren ging: Während Claire durch Eugenes Geschichte geheilt wurde, gelingt dies bei Sam durch Bilder. Wenders äußerte dazu 1991 in einem Gespräch:

> [...] Sams Heilung ging zum Beispiel damit, dass er in der Landschaft sitzt und zeichnet. Das ist leider der Schere zum Opfer gefallen. [...] Also ist Sam in unserer Geschichte eigentlich durch Bilder geheilt worden. Der Akt der Magie, wenn er zwischen den beiden Alten schläft, ist nur ein Teil davon.[73]

Im selben Gespräch ließ Wenders erkennen, dass Bilder erst dann gefährlich werden, wenn sie, als identische Bilder von etwas verstanden, an die Stelle einer absoluten Präsenz treten:

> Das war bestimmt auch in Paris, Texas der Fall, daß dieser Mann, dieser eifersüchtige Mann, der Travis, daß der sich zu sehr ein Bild gemacht hat von seiner jungen und schönen Frau, und sie deswegen nicht mehr wahrgenommen hat. Und ich glaub', daß der Gegenpol in einer Liebesgeschichte bestimmt immer noch – zumindest für mich – dieses Problem ist, wo man nicht mehr den anderen wahrnimmt, sondern ein Bild, das man sich macht. Oder überhaupt, daß man mehr in ein Bild verliebt ist – vielleicht auch sogar mehr von sich selbst als von jemand anderem.[74]

Auch ein Blick auf die Filme, die nach *Bis ans Ende der Welt* entstanden sind, offenbart weder einen Bruch mit den Bildern noch einen völlig neuen Stil. Im Gegenteil: Wenders hebt vielfach erneut die Bilder hervor und lässt den Zusammenhang bisweilen in den Hintergrund treten. In diesen Filmen finden sich häufig inhaltliche wie formale Bezüge zu den früheren. Zuerst zeigt dies *In weiter Ferne, so nah!*, der 1993 als Fortsetzung von *Der Himmel über Berlin* entstand. Dieser Film stellt die Geschichte und den Zu-

---

73   Wenders, Wim, Die Wahrheit der Bilder. A.a.O. S. 76.
74   Ebd. S. 74.

sammenhang vor die kontextfreie Wahrnehmung. Er bringt außerdem die Vorstellung eines geschlossenen kommunikativen Kreislaufs zum Ausdruck, in dem „das Licht durch das Auge ins Herz fällt und dann aus dem Herz hinaus durch das Auge nach außen leuchtet"[75]. Eine solche Vorstellung quasi identischer Repräsentation ist mit Derridas Kommunikationstheorie freilich schwer vereinbar. 1994 knüpft Wenders mit *Lisbon Story* aber deutlicher an die kontextfreie Ästhetik seiner früheren Filme an: er greift die Handlung und den Schauplatz von *Der Stand der Dinge* wieder auf und findet ein Ende, das die visuellen wie auditiven Elemente des Mediums Film in ein optimistischeres Licht rückt, als zuvor. Zwar lässt gerade dieser optimistische Blick auf die Bilder auch eine metaphysische Implikation erkennen: die Bilder können als individueller Ausdruck des kreativen Subjekts verstanden werden (so sagt der Toningenieur Philip Winter zu Regisseur und Kameramann Friedrich Monroe: „[...] vertrau' deinen Augen wieder [...] und vertrau' deiner alten Handkurbelkiste. Sie kann immer noch Leben einfangen"[76]). Jedoch verschwimmt hier die Grenze zwischen Kreativität und Rezeption ähnlich wie bei Derrida, und somit wird der metaphysischen Vorstellung von der Selbstidentität des kreativen Subjekts wie auch des Objekts entgegengewirkt. *Lisbon Story* reiht erneut Bilder und vor allem Töne von relativer Eigenständigkeit aneinander. Die Unterscheidung zwischen Hören und Sehen weicht dabei auf, das geht aus den Gedichten des Autors mit dem Namen „Niemand" hervor: „Im hellen Tageslicht leuchten sogar die Töne. [...] Ich höre ohne zu schauen, und so sehe ich."[77] Wichtig ist auch, dass dieser Film eine deutliche Absage an die Vorstellung identischer Repräsentation enthält. Dies geschieht in der Kontrastierung des Verhaltens von Regisseur Friedrich Monroe mit dem von Toningenieur Philip Winter. Friedrich äußert ein auf identischer Repräsentation beruhen-

---

[75] Der Engel Rafaela in: Wenders, Wim, *In weiter Ferne, so nah!*. Vgl. auch: Daniela Berghahn: "The 'liebevolle Blick' is a cyclical, holistic mode of perception, which embraces the transcendental in the material, visible world." (Berghahn, Daniela, a.a.O. S. 334).
[76] Wenders, Wim, *Lisbon Story*. 1994.
[77] Ebd.

des Bilderverständnis, das ihn in die nahezu ausweglose Lage treibt, nur noch Bilder aufnehmen zu können, die er nie gesehen hat und die er auch nie sehen darf:

> Solange es nicht gesehen wird, gehören das Bild und das Objekt, das es repräsentiert, zusammen. [...] Doch nur ein einziger Blick auf das Bild genügt, und die Sache darin stirbt. [...] Diese Bilder zeigen die Stadt so, wie sie ist. Nicht so, wie ich sie sehen will [78]

Philip kritisiert dieses Verhalten sowie das ihm zu Grunde liegende Bilderverständnis und bringt Friedrich am Ende zum Einlenken. Den später korrigierten Äußerungen Friedrichs steht vor allem der von Philip für Friedrichs zurückgelassene Filmfragmente aufgenommene Monolog eines Mannes gegenüber, der dem Sehen wie dem Hören eine direkte Verbindung zu ,ihrem' Gegenstand abspricht:

> Diese Welt ...
> Diese Aufnahme ist also eine Illusion. Die einzige Wirklichkeit ist die Erinnerung. Aber die Erinnerung ist eine Erfindung. Im Grunde ist die Erinnerung ...
> Im Film z.B., im Film kann die Kamera einen Moment festhalten, aber dieser Moment ist schon vorbei. Im Grunde ist das, was abgebildet wird, eine Fiktion dieses Moments, und wir können uns schon nicht mehr sicher sein, ob es diesen Moment ... außerhalb dieses Films je gegeben hat. Oder beweist der Film die Existenz dieses Moments? Ich weiß es nicht. Oder ich weiß immer weniger darüber.
> Wir leben tatsächlich ... im beständigen Zweifel
> und dazwischen leben wir mit beiden Beinen auf der Erde,
> essen, genießen das Leben[79]

Derartige Gedanken, die auf paradoxe Weise die Unsicherheit des menschlichen Daseins im selben Atemzug mit dessen doch unhintergehbarer Würde ausdrücken, sind leicht mit Derridas Denken vereinbar.[80]

---

[78]   Ebd.

[79]   Ebd.

[80]   Zur Widersprüchlichkeit in Wenders' Filmen vgl. Kap. 2.4 der vorliegenden Arbeit.

1997 legt Wenders mit *Am Ende der Gewalt* wieder eine komplexere Story vor, die die Einzelelemente einer klaren Aussage unterordnet. In *The Million Dollar Hotel* von 2000 spielen erneut die Bilder eine Hauptrolle: schon in der langen Einstellung zu Beginn, die den Blick über die Häuser von Los Angeles schweifen lässt, deutet sich dies an. Andere Einstellungen sind offensichtlich an Bildern von Edward Hopper orientiert, wie allerdings schon zuvor die Dekoration des ‚Films im Film' aus *Am Ende der Gewalt*.[81] Inhaltlich bietet *The Million Dollar Hotel* eine Reflexion über die Echtheit der Bilder, die die ‚echten Fälschungen' im *Amerikanischen Freund* in Erinnerung ruft. Zudem erzählen beide Filme eine Kriminalgeschichte im Großstadtmilieu.

Es gilt festzuhalten, dass Wenders' neuere Filme inhaltliche wie formale Ähnlichkeiten mit den früheren aufweisen. Die Filme, die nach 1991 entstanden sind, wirken ein wenig wie Nachträge zu den früheren Filmen: sie sind wenig innovativ und bieten oft eine Neubewertung der bereits früher behandelten Themen. Der Umstand, dass sich in den neueren Filmen immer noch eine deutliche Wertschätzung kontextfreier Elemente beobachten lässt, die wie früher auch mal mehr und mal weniger betont auftritt, bestärkt die Einschätzung, dass sich Wenders mit *Bis ans Ende der Welt* keineswegs einer metaphysischen Stringenz verschrieben hat, die mit der früheren Befreiung der Einzelelemente ein für allemal bricht.

Wenden wir uns nun dem Film *Der Himmel über Berlin* zu, der das Verhältnis von Bild und Geschichte besonders deutlich erkennen lässt.

---

81   Edward Hoppers Bilder spielen für Wenders eine besondere Rolle. Vgl. Wenders, Wim, Der Zeit einen Sprung voraus sein. Gespräch mit Paul Püschel und Jan Thorn-Prikker über Fotografie, Malerei und Film. In. Ders., The Act of Seeing. A.a.O. S. 171 (Erstveröffentlichung in: Kulturchronik, August 1991).

2.1.2 *Der Himmel über Berlin* als Beispiel für das Zusammenspiel von Bild und Geschichte

Der Himmel über Berlin gesteht der Geschichte einen deutlich höheren Stellenwert zu als frühere Filme. Er lässt aber keinesfalls eine völlige Unterordnung der Bilder unter die Geschichte erkennen. Der Film bemüht sich um ein möglichst ausgeglichenes Zusammenspiel beider Elemente. Der Drang zum Ausgleich der Gegensätze wird darin auf mehreren Ebenen thematisiert, strukturell wie inhaltlich.[82]

Hier ist allerdings ein Problem nicht zu übersehen: Beim Versuch eines Ausgleichs zwischen den einzelnen Bildern und der Geschichte besteht nicht nur die Gefahr, dass die Geschichte die Bilder dominiert. Vielmehr ist ein strukturell gleichrangiges Verhältnis der beiden Prinzipien gar nicht denkbar, weil eine Geschichte ihre Elemente per definitionem dominieren muss. Die Uneingeschränktheit der Geschichte und die Freiheit der Bilder schließen sich demnach aus. Hier klingt die Leitfrage der vorliegenden Arbeit an, nämlich die nach der Vereinbarkeit von Dekonstruktion und Re-Konstruktion von Zusammenhang. Vielleicht eröffnet ein Blick auf die Dekonstruktion doch noch eine Möglichkeit, die unvereinbaren Gegensätze zu vereinbaren, denn im Motiv der *différance* soll ja die logische Unmöglichkeit stattfinden, einander widersprechende Pole zusammen zu denken, ohne ihren Gegensatz aufzulösen.[83] Demnach kann auf unsere Frage paradox geantwortet werden: Es findet ein Ausgleich der gegensätzlichen Prinzipien statt, und es findet zugleich kein Ausgleich der Gegensätze statt. Innerhalb unseres binären Denkens bleibt eine derartig paradoxe Aussage allerdings unverständlich. Ob und inwiefern nun der angestrebte Ausgleich von einzelnem Bild und Geschichte tatsächlich zu Stande kommen kann und wel-

---

[82] Vgl. dazu Punkt 2.1.3 dieser Arbeit

[83] Derrida, Jacques, Die différance. A.a.O. S. 48f. Vgl. auch Kapitel 1.6 der vorliegenden Arbeit.

che Lösungsvorschläge Wenders in seinen Filmen dazu anbietet, das soll im weiteren Verlauf dieser Arbeit, vor allem unter Punkt 2.4.3, untersucht werden.

Der zum Ausgleich drängende Gegensatz von Bild und Geschichte betrifft, wie bereits angedeutet, nicht nur den Film *Der Himmel über Berlin*. Allerdings sind hier die beiden Gegenpole besonders deutlich gegenübergestellt. Aus diesem Grund lässt sich das Verhältnis von Bild und Geschichte anhand von *Der Himmel über Berlin* exemplarisch für viele von Wenders' Filmen analysieren. In dem Vortrag *Unmögliche Geschichten* von 1982 teilt Wenders seine bis dahin gedrehten Filme je nach der Methode, mit der sie entstanden sind, in zwei Gruppen auf. Zur ersten Gruppe (A) gehören die Filme, die keiner von vornherein feststehenden Geschichte folgen, die von den Bildern ihren Ausgang genommen und deren Geschichten sich erst während des Drehens entwickelt haben. Zur zweiten Gruppe (B) gehören die Filme, die von einer Romanvorlage ausgehen, die also einer von Anfang an feststehenden Geschichte verpflichtet sind. Wenders listet eine Reihe von Merkmalen auf, die die Gruppierung seiner Filme begründen. Es fällt auf, dass die meisten der Merkmale für A- bzw. B-Filme auch in der ersten bzw. zweiten Hälfte von *Der Himmel über Berlin* anzutreffen sind. Den Zuordnungskriterien der Elemente zu den Gruppen dort scheint hier die Form der beiden Filmhälften zu entsprechen. Meines Erachtens kann *Der Himmel über Berlin* deshalb als eine Verbindung der beiden bisherigen Grundmethoden von Wenders' Filmschaffen verstanden werden.

In der ersten Gruppe (A) sind alle Schwarzweiß-Filme [...]. In der anderen Gruppe (B) sind alle Farbfilme, die außerdem alle auf bereits vorhandenen Romanen basieren. Hingegen basieren die Filme der Gruppe A ausnahmslos auf einer Idee von mir - Idee ist ein sehr ungenauer Begriff: er umfaßt Träume, Wachträume und Erlebnisse. So sind alle Filme der Gruppe A mehr oder weniger ohne Drehbuch entstanden, während die Filme der anderen Gruppe sehr genau einem Drehbuch folgten. Die A-Filme haben nur eine lose Struktur, während die B-Filme alle dramatisch sehr geschlossen sind. Die A-Filme wurden samt und sonders in chronologischer Reihenfolge gedreht, ausgehend von dem einzig Bekannten zumeist, der Situation, mit der die

Geschichte anfängt; die B-Filme sind in sehr traditioneller Weise kreuz und quer gedreht worden und mußten die Produktionszwänge berücksichtigen. Bei den Filmen der Gruppe A wußte ich, als ich anfing zu drehen, nie, wie sie enden sollten; das Ende der B-Filme kannte ich von Anfang an.[84]

So ist auch die erste Hälfte von *Der Himmel über Berlin* in Schwarzweiß gedreht, während die Bilder in der zweiten Hälfte farbig werden. Die lose Aneinanderreihung von Bildern und Sprachfragmenten des ersten Teiles von *Der Himmel über Berlin* passt in die Gruppe der "A-Filme" mit "lose[r] Struktur". Die zweite Hälfte nähert sich strukturell den "B-Filmen" an: sie wird dramatisch geschlossener und erzählt auf traditionelle Weise eine Geschichte.

Weitere Ähnlichkeiten mit den jeweiligen Gruppierungen von Wenders weisen in der Handlung von *Der Himmel über Berlin* die auftretenden Gegensatzpaare auf. Die Erlebensweisen von Engeln und Menschen entsprechen in etwa den Darstellungsweisen der beiden Filmhälften. Hinzu kommt die Gegensätzlichkeit der Figuren Peter Falk und Homer. Peter Falk repräsentiert stärker das bildliche Prinzip: er zeichnet, er ist Filmschauspieler, erscheint im Fernsehen und lebt und arbeitet relativ spontan. Das sind Merkmale, die an Wenders' "A-Filme" erinnern. Homer passt als Vertreter des Prinzips ‚Erzählung' in die Kategorie der Filme, die auf einer geschlossenen Geschichte basieren.

So lässt sich also eine wesentliche Polarität des Films *Der Himmel über Berlin*, nämlich die von Bild und Geschichte, auch in Wenders' Gegenüberstellung seiner beiden Filmkategorien von 1982 entdecken.[85]

---

[84] Wenders, Wim, Unmögliche Geschichten. A.a.O. S. 72f.

[85] Zu Wenders' Einteilung seiner Filme ist anzumerken, dass er auch bei den B-Filmen, die einer geschlosseneren Geschichte folgen, Wert auf eine Lockerung der Handlungsstruktur gelegt hat. Über *Der amerikanische Freund*, der auf einer Romanvorlage von Patricia Highsmith beruht, sagte Wenders: „In dem Buch, das ich verfilmt habe, gibt es sehr viel Struktur und Handlungsabläufe und immer wenn ich jemandem die Geschichte erzählen wollte, habe ich mich verhas-

Im Folgenden soll am Beispiel von *Der Himmel über Berlin* gezeigt werden, wie Bilderdominanz einen vorgegebenen Kontext vermeiden kann und wie darin dennoch ein Bedürfnis nach Zusammenhang thematisiert wird.

2.1.3 Bilder ohne Kontext und das Bedürfnis nach Zusammenhang: Die beiden Aspekte von *Der Himmel über Berlin*

Zunächst möchte ich die bereits mehrfach erwähnte Einteilung von *Der Himmel über Berlin* in zwei Hälften präzisieren. Grob dargestellt kann der ersten Hälfte des Films eine relativ kontextfreie und distanzierte Sichtweise zugeordnet werden, die durch die Aneinanderreihung einzelner Bilder und Sprachfragmente zustande kommt. In der zweiten Hälfte entwickelt sich dann mehr und mehr eine zusammenhängende Geschichte. Eine solche Einteilung in zwei Hälften trifft jedoch nur sehr schematisiert zu. Im Film gibt es keinen einzelnen Wendepunkt, an dem sich die Sichtweise plötzlich ändern würde. Die Veränderung entwickelt sich langsam. Sie beginnt schon in der Mitte der ersten Hälfte, wenn der Engel Damiel auf Marion trifft und der Film bereits für einen Augenblick farbig wird, wodurch Damiels menschlicher Blick gekennzeichnet ist. Von da an wird das Bild immer wieder für einzelne Sequenzen farbig, und die Szenen knüpfen immer stärker aneinander an. Es treten immer wieder die selben Personen auf, wodurch langsam eine Geschichte erkennbar wird. Erst kurz vor Schluss wechselt dann der Film endgültig auf Farbe. Und auch dann sind noch vereinzelt Schwarzweiß-Bilder eingebunden, die den Blick des Engels Cassiel

---

pelt. Dieses Ausmaß an Intrigen und Geschichte machte mir Schwierigkeiten und ich wollte für mich ein paar Zwischenräume schaffen. [...] Und durch die Besetzung von Dennis Hopper wurde dann in die Geschichte sozusagen eine Handgranate geworfen. Die Wirkung dieser Handgranate hat mir gut gefallen. Sie hat zwar große Löcher gerissen, aber die mußten geflickt werden und dadurch hat der Film wieder einen entscheidenden Schritt in Richtung Improvisation und Umbau getan." (Wenders, Wim, Mauern und Zwischenräume. Gespräch mit Jochen Brunow. In. Ders., The Act of Seeing. A.a.O. S. 252.)

kennzeichnen. Wenn ich also in der vorliegenden Arbeit von den beiden Filmhälften spreche, dann nur um leichterer Überschaubarkeit willen und in dem Bewusstsein, dass es sich dabei um eine vergröbernde Schematisierung handelt.

2.1.3.1 Vereinzelte Bilder und Szenen

Der erste Teil von *Der Himmel über Berlin* besteht aus einer Vielzahl einzelner sprachlicher wie visueller Bilder. Verschiedene darstellerische Elemente verstärken den Effekt der Vereinzelung. Die Schwarzweiß-Bilder drücken den Blick der Engel aus. Dem Gegensatz Bild – Geschichte, ebenso wie dem ästhetischen Gegensatz Schwarzweiß – Farbe, entspricht auf der Handlungsebene der Gegensatz Engel – Mensch. Die Lebensweise der Engel versinnbildlicht die kontextfreie Wahrnehmung: Die Engel sammeln aus ihrer Distanz heraus einzelne Ereignisse, die sie nicht zu einem Zusammenhang verbinden, sondern in ihren Notizbüchern lose aneinander reihen. Die vielen im Film hörbaren Gedanken verschiedener Menschen stärken weiterhin den Eindruck der Vereinzelung. Die Gedanken können nur die Engel und die Zuschauer hören. Die Menschen im Film bleiben jeweils mit ihren eigenen Gedanken allein. Aber ein Gedanke bildet keinesfalls eine abgeschlossene Einheit. Was zu hören ist, sind nur unfertige Fragmente, deren Anfang und Ende nicht absehbar sind. In der Bibliothek, wo besonders viele Engel zuhören, ist aus den Gedanken der Lesenden ein Gewirr von sich überlagernden fragmentarischen Zitaten zu hören. Diese Szene kann auch als Hinweis darauf verstanden werden, dass die Gedanken keineswegs originäre Neuschöpfungen oder unmittelbare Ausdrücke eines sich selbst präsenten Bewusstseins sind, wofür sie in der metaphysischen Denktradition gehalten wurden. Sie erscheinen vielmehr als Wiederholungen und Adaptionen anderer Gedanken und Texte. Derridas Theorie des Sprachzeichens klingt hier an und seine Bestimmung des Textes als intertextuelles Netzwerk. Intertextuelle Verweise sind über den gesamten Film verstreut, sowohl auf Seiten des Textes, als auch auf Seiten der Bilder.[86] Die unverbundenen Alltagsszenen, Bilder und Gedanken in der ersten Hälfte des Films lassen einerseits die Zuschauerin am kontextfreien Blick der Engel teilhaben, andererseits geben sie ihr die Möglichkeit, ihre eigene erzählerische Fähigkeit spielen zu lassen und die Einzelszenen selbstständig zu einer Geschichte zu verbinden. Der Zuschauerin kommt eine gewisse Freiheit zu: sie muss nicht jede Einzelheit im Hinblick auf ihre Funktion für eine abgeschlossene Handlung beachten. Sie steht nicht unter dem Zwang, sie zu verstehen. Sie kann ihre Eindrücke und Gedanken schweifen lassen und selbständig mittels ihrer eigenen Assoziationen kleinere Geschichten formieren. Aufgrund der übergroßen Flut der hörbaren Gedanken, der Bilder und Szenen ist es auch gar nicht möglich, jede Einzelheit davon wahrzunehmen. Die Zuschauerin muss, wie im täglichen Leben auch, selektiv wahrnehmen, sich auf einzelne Fragmente beschränken. So wird es möglich, dass die Zuschauerinnen einen jeweils eigenen, individuellen Film sehen, zu dem sie selbst beigetragen haben. Wenders gibt keine fertige Geschichte vor, sondern er stellt eine Art Bausatz aus Bildern und Textfragmenten zur Verfügung. Zu dieser Offenheit tragen auch die Schwarzweiß-Bilder bei. Sie halten mit ihrem Mangel an farblich exakter Denotation Raum für Konnotationen und eigenständiger Bedeutungskonstruktion offen.

---

[86]   Schon der Name des alten Mannes „Homer" aber auch der Auftritt Peter Falks, der im Film als „Columbo" identifiziert wird, verdeutlichen dies. Ebenso weisen Marions Nick-Cave-Platte, von der sie das Lied „The Carny" hört und mitsingt, und das Nick-Cave-Konzert über den Film hinaus.

2.1.3.2 Das Bedürfnis nach Zusammenhang

Nachdem die Zuschauer wie auch die Film-Figuren während der ersten Filmhälfte in keinen umfassenden Kontext eingebunden waren, wird schon in diesem Teil des Films eine Sehnsucht oder ein Bedürfnis nach Zusammenhang thematisiert, nach einem Mythos oder nach Erzählung. Dieses Bedürfnis äußern mehrere Figuren des Films,[87] zum Beispiel Damiel, der aus diesem Grund Mensch werden will:

> Mir selber eine Geschichte erstreiten. Was ich weiß von meinem zeitlosen Herabschauen verwandeln ins Aushalten eines jähen Anblicks, eines kurzen Aufschreis, eines stechenden Geruchs. Ich bin schließlich lang genug draußen gewesen, lang genug abwesend, lang genug aus der Welt! Hinein in die Weltgeschichte![88]

Ebenso sucht Marion nach ihrer eigenen Lebensgeschichte.[89] Sie will etwas tun, das ihren Träumen entspricht und wurde so Zirkusartistin. Als der Zirkus aus finanziellen Gründen nicht mehr weiterspielen kann, erlebt sie einen schweren Rückschlag:

> Aus der Traum! ... Nicht mal eine Saison! Wieder einmal keine Zeit gehabt, etwas zu Ende zu führen. Mein Traum vom Zirkus ...[90]

Und Homer, die Verkörperung des Erzählers, trauert der verlorenen Gemeinschaft mit den Zuhörern nach und äußert das Bedürfnis der Menschen nach einer zusammenhang- und gemeinschaftsstiftenden Form des Erzählens, nach einem Mythos:

---

[87] Vgl. Cook, Roger, Angels, Fiction and History in Berlin. A.a.O. S. 39.

[88] Wenders, Wim und Handke, Peter, Der Himmel über Berlin. Ein Filmbuch. Frankfurt/M. [6]1995 (erste Aufl. 1987). S. 84 f.

[89] Vgl. Cook, Roger, Angels, Fiction and History in Berlin. A.a.O. S. 40.

[90] Wenders, Wim und Handke, Peter, Der Himmel über Berlin. a.a.O. S. 40.

> Meine Zuhörer sind mit der Zeit zu Lesern geworden, und sie sitzen nicht mehr im Kreis, sondern für sich, und einer weiß nichts vom anderen.[91]
> Nennt mir die Männer und Frauen und Kinder, die mich suchen werden, mich, ihren Erzähler, Vorsänger und Tonangeber, weil sie mich brauchen, wie sonst nichts auf der Welt.[92]

Der Film verändert sich mit diesem weiterhin wachsenden Bedürfnis. Nach Roger Cook erschöpft sich das Anliegen des Films nicht darin, alltägliche Erfahrungsmuster aufzuspalten und zu entfremden. Vielmehr legen sowohl die Filmstory, als auch die Gedankenstimmen wiederholt nahe, dass die Menschen einen narrativen Kontext benötigen, um vereinzelten Momenten der Existenz eine Bedeutung zu geben und um ein gewisses Maß an Sicherheit zu gewinnen.[93]

Marion und Damiel suchen jeweils, obwohl sie von unterschiedlichen Gegebenheiten ausgehen, nach einer Lebensgeschichte oder einer individuellen Vision, die ihrem Dasein eine bestimmte Form gibt. Die Form soll den Wünschen und Bedürfnissen der jeweiligen Person entsprechen. Dies wird möglich durch die typisch menschliche Fähigkeit, sich selbst, auf der Basis der eigenen Erfahrungen und Wünsche, eine Geschichte zu gestalten, sei diese nun rein fiktional oder die tatsächliche Lebensgeschichte. An dieser Stelle wird deutlich, dass die Figur Damiel nicht als durchgängige Metapher des Engels den Menschen gegenübersteht. Damiel weist schon als Engel menschliche Züge auf: Streng genommen könnte er sich gar nicht auf die Suche nach einer eigenen Geschichte machen und damit sein Schicksal schon in die Hand nehmen, denn dafür sind bereits Erfahrungen nötig. Damiel macht bereits als Engel eine Erfahrung: er verliebt sich in Marion. Dieses Vermischen der Sphären wird dadurch ausgedrückt, dass Damiel schon als Engel einige Male auf menschliche Weise sieht: der Film wird an diesen Stellen vorübergehend farbig. Auch der Umstand, dass der ehemali-

---

[91] Ebd. S. 30.

[92] Ebd. S. 169.

[93] Cook, Roger, Angels, Fiction and History in Berlin. A.a.O. S. 40.

ge Engel Peter Falk öfter von seiner Großmutter spricht, weist auf diese Vermischung hin, denn Engel haben gewöhnlich keine Großmütter. Wenders hat zwar diese Textstellen, die von Peter Falk selbst stammen, als inkonsequent bedauert, ich meine aber wie auch Roger Cook, dass dieses Paradox beispielhaft für die Handlung des Films ist; Falk ist eben nur dann als Mensch vorstellbar, wenn er auch eine Vergangenheit, und eben auch eine Großmutter, hat.[94]

Der erste Schritt zu einer individuell geprägten Geschichte besteht darin, die im Alltag gewohnten Zusammenhänge aufzulösen, um aus den Bruchstücken etwas Neues formen zu können. Sprache und Bilder werden aus ihrem beherrschenden Kontext herausgenommen und dabei der Bedeutung entledigt, die sie für gewöhnlich tragen. Der Film erfüllt diese Funktion für die Zuschauer dadurch, dass wir über die erste Hälfte hinweg und auch noch später die Welt mit den Augen der Engel sehen, die nur beobachten und erinnern, von einem Standpunkt aus, der außerhalb der menschlichen Interessen liegt.

Als zweiten Schritt zur Erfüllung ihrer Wünsche müssen Marion und Damiel die entfremdeten Bruchstücke ihrer Existenz neu zusammenzufügen zu ihrer je individuellen Lebensgeschichte. Darüber hinaus bilden sie noch eine Geschichte, die sie miteinander teilen: ihre gemeinsame Liebesgeschichte.[95]

Die Engelsperspektive bietet dem Zuschauer zweierlei: einerseits weckt sie in ihm die Sehnsucht nach einem narrativen Kontext; andererseits bietet sie ihm die Freiheit vom Kontext, die einen Neuanfang ermöglicht.[96]

---

[94]   Ebd. S. 42. Die entsprechende Aussage von Wenders ist enthalten in: Wenders, Wim. Über das Verfertigen eines Films beim Drehen. Gespräch mit Friedrich Frey. Erstveröffentlichung in: Frankfurter Rundschau, 10.9.1988. Wiederabgedruckt in: Wenders, Wim, The Act of Seeing. Texte und Gespräche. Frankfurt am Main 1992. S. 228f.
[95]   Cook, Angels, Fiction and History in Berlin. A.a.O. S. 40.
[96]   Ebd.

Es wurde gezeigt, wie *Der Himmel über Berlin* sowohl die Vorzüge der unzusammenhängenden Bilder als auch die der zusammenhangstiftenden Geschichte darstellt. Das kann nun heißen, dass die dekonstruktiven Mittel der ersten Filmhälfte lediglich benutzt wurden, um aus den Trümmern eines alten Zusammenhangs einen neuen zu errichten. Die Schwierigkeit, Freiheit und Zusammenhang oder anders ausgedrückt Bilder und Geschichte ins Verhältnis zu setzen ohne eine Dominanz der Geschichte über die Bilder, ist bereits oben in diesem Kapitel angeklungen. Es geht um die Frage, ob es möglich ist, dem im Film geäußerten Bedürfnis nach Zusammenhang nachzukommen und gleichzeitig dem Zusammenhang seine Macht zu nehmen, ihn zu dekonstruieren. Die Widersprüchlichkeit, die in *Der Himmel über Berlin* deutlich hervortritt, wäre ein Mittel, um den rekonstruierten Zusammenhang zu dekonstruieren. Möglicherweise kann es mit diesem Mittel gelingen, beiden Bedürfnisse, dem nach Kontextfreiheit und dem nach Kontext, in einem gewissen Maß zugleich zu entsprechen (vgl. unten Punkt 2.4.3).

2.1.4 Das Verhältnis „Bilder – Geschichten" in *Im Lauf der Zeit*

Auch in Wenders' Road Movie *Im Lauf der Zeit* spielt der Gegensatz von Bild und Geschichte eine wichtige Rolle. Wie in *Der Himmel über Berlin* kann auch hier je einer der Gegenpole einer Figur der Filmstory zugeordnet werden. Im Unterschied zu dem jüngeren Film ist innerhalb *Im Lauf der Zeit* allerdings kein formaler/ästhetischer Umschwung zu verzeichnen. Auf der formalen/ästhetischen Ebene bleibt der Film von Anfang bis Ende bildlich dominiert. Er besteht aus langen Einstellungen, die oft ihren Zusammenhang vergessen lassen und für sich stehen. Im Verhältnis zu seiner Dauer (175 min.) enthält der Film nur wenig Text. Vor allem wenige Dialoge. Wenn geredet wird, dann meist entweder in knappen Floskeln oder monologisch. Außerdem ist die Sprache auffallend bildhaft. Der Film ist durchgehend in schwarzweiß gedreht. Damit reiht er sich in Wenders' oben zitierter Kategorisierung in die erste Kategorie („A") ein (vgl. oben Punkt 2.1.2 dieser Arbeit). Die Schwarzweiß-Bilder markieren analog zur ersten Hälfte von *Der Himmel über Berlin* einen distanzierten Blick, der von Offenheit und Kontextfreiheit/Beziehungslosigkeit bestimmt wird.

Die Bilderdominanz in *Im Lauf der Zeit* kehrt das übliche Verhältnis von Bild und Geschichte um. Gewöhnlich dominiert die Geschichte die Bilder, indem sie ihnen eine bestimmte Bedeutung vorschreibt (vgl. oben Punkt 2.1.1 dieser Arbeit). Der Dominanz der Bilder auf der ästhetischen Ebene entspricht auf der Handlungsebene die Dominanz Brunos gegenüber Robert.

2.1.4.1 Die Unterschiede zwischen den beiden Prinzipien „Bild und Geschichte" dargestellt anhand der Protagonisten Bruno und Robert

Bruno kann das Prinzip ‚Bild' zugeordnet werden, während Robert mit ‚Geschichte' verbunden ist. Bruno lebt losgelöst von einem festen Kontext. Er fährt von Ort zu Ort, ohne, dass ihm einer davon persönlich etwas bedeuten würde. Er hat keinen festen Wohnsitz, sondern lebt im Möbelwagen. Bruno lebt allein, er hat keine Familie. Zwischenmenschliche Bindungen fallen Bruno schwer. Vor allem hat er Schwierigkeiten mit Liebesbeziehungen, wie er am Ende des Films offenbart:

> Ich hab' eine große Sehnsucht nach einer Frau. [...] Ich weiß nicht, wie man mit einer Frau zusammenleben können soll. [...] Natürlich wünsch' ich mir, eins zu sein mit einer Frau. Aber genauso wünsch' ich mir, für mich zu sein. [...] Ich hab' mich immer nur einsam gefühlt in einer Frau. Einsam bis auf die Knochen.[97]

Bruno hat auch keinen Vater, dadurch wird der Eindruck noch verstärkt, dass er keine Geschichte hat, sondern losgelöst von zeitlichen und räumlichen Bindungen durch die Landschaft fährt. Er redet auffallend wenig, und

---

[97]   Wenders, Wim, *Im Lauf der Zeit*. BR Deutschland 1976.

wenn er etwas sagt, dann berichtet er meist nur von einzelnen vordergründigen Ereignissen. Persönlichen Gesprächen geht er aus dem Weg; so fragt
er Robert nach dessen spektakulärer Fahrt in die Elbe zunächst gar nichts,
sondern nimmt ihn wie selbstverständlich mit und wehrt sich sogar gegen
Roberts Ansätze, mehr über sich zu erzählen, als Standarddaten, wie Name
und Beruf: „Das hab' ich dich nicht gefragt. Du brauchst mir nicht deine
Geschichten zu erzählen".[98] Bruno ist beruflich mit Bildern beschäftigt: Er
repariert Filmprojektoren in kleinen Kinos. Er lebt nicht zielgerichtet oder
geradlinig. Sein Leben orientiert sich an keinem bestimmten Ziel. Zwar hat
er eine vorgegebene Reiseroute und berufliche Termine, hält sich aber nicht
streng an die Route, sondern macht Abstecher. Sein Zeitplan ist locker und
erlaubt ihm viel Freiheit.

Robert lebt dagegen ausgesprochen geradlinig. Das zeigt sich beispielsweise in seiner Verbindung zur Eisenbahn. Die Eisenbahn als Metapher für
Geradlinigkeit begleitet ihn durch den ganzen Film. Er spaziert nachts vom
Möbelwagen zum Bahndamm, sein Vater wohnt am Bahnübergang, Züge
fahren im Hintergrund, wo Robert und Bruno unterwegs sind. Am Ende
fährt Robert (endgültig) mit dem Zug davon. Immer wieder lässt Robert
während der gemeinsamen Reise seine Affinität zu linearer Geradeausbewegung erkennen, die auch großen Hindernissen wenig Beachtung schenkt.
Am Bahnhof Wolfsburg überlegt er, mit dem Zug weiterzufahren und liest
unter anderem die Abfahrtszeiten von Zügen, die in die DDR fahren. An
die Hindernisse der DDR-Grenze scheint er dabei nicht denken. Vor dem
Zusammentreffen mit Bruno hat Robert auf seine geradlinige Art eine große räumliche Distanz zurückgelegt: innerhalb eines Tages von Sizilien bis
hinein in die Elbe, geographisch genau der Süd-Nord-Linie folgend. Robert
flieht vor seiner Geschichte, demnach hat er eine. Er sagt sogar explizit
„Ich bin meine Geschichte", ein Satz, der Roberts Identifizierung mit dem
Prinzip Geschichte noch verstärkt. Robert hat(te) einen festen Wohnsitz. Er
hat(te) eine feste Beziehung, ist noch verheiratet. Auch wenn seine Bezie-

---

[98]   Ebd.

hung gescheitert ist, neigt Robert eher zu Beziehungen, ist eher zu Beziehung fähig, als Bruno. Robert hat einen Vater, den er auch besucht. Er hat ein schwieriges Verhältnis zu seinem Vater, aber in der Beziehung zu ihm, das wird während seines Besuchs deutlich, beschäftigt er sich immerhin mit seiner Geschichte. Zu dieser Geschichte gehört sein Vater ebenso wie seine Mutter, die gestorben ist und über die Robert bei seinem Vater redet. Teile seiner Geschichte, die seine gegenwärtige Situation beeinflusst, sind auch die Probleme zwischen Mutter und Vater sowie die zwischen Vater und Sohn. Robert beschäftigt sich wie sein Vater beruflich mit Sprache und Schrift. Er redet verhältnismäßig viel, er reflektiert, denkt ständig über seine unbewältigte Geschichte nach, sowohl in Bezug auf seine Frau, als auch auf seinen Vater und seine Mutter. Robert verknüpft die Ereignisse mit Bedeutung, fügt sie zu einem bedeutsamen Kontext zusammen. Mit seinem Reflektieren ordnet er die Erlebnisse in einen Kontext ein. In seine Kontextualität bezieht er auch Bruno mit ein: als er zu Bruno stößt, bekommt die Reise der beiden Männer eine bestimmte Bedeutung.

2.1.4.2 Die Dominanz der Bilder und der Drang nach Ausgleich des Verhältnisses. Dekonstruktive Tendenzen

Im Verlauf des Films nähern sich die beiden Protagonisten einander an. Sie scheinen jeweils zu spüren, dass die spezifische Lebensweise des Anderen für sie große Entwicklungschancen birgt. In geringem Maß findet ein Ausgleich statt. Im Großen und Ganzen bleiben die Unterschiede am Ende aber bestehen. Anders als *Der Himmel über Berlin* stellt dieser Film keine Lösung der Probleme, die die Protagonisten (über)fordern, in Aussicht. Wie schon gesagt, entspricht Brunos Dominanz auf der Handlungsebene der ästhetischen Dominanz der Bilder. Bruno kommt das Privileg zu, vom Anfang bis zum Ende im Film präsent zu sein. Dagegen erscheint Robert nur für die Zeitspanne im Film, die er mit Bruno zusammen unterwegs ist. Bruno ist der Inhaber des Möbelwagens, mit dem die beiden unterwegs sind, und er bestimmt die Reiseroute und den Zeitplan. Er lässt Robert freiwillig mitfahren. Robert ist Bruno gegenüber in der schwächeren Position, da er sich in einer Notlage befindet. Er hat kein Fahrzeug mehr, keine Unterkunft, keine trockenen Kleider. Bruno leiht ihm alles. Robert muss sich Brunos Lebensrhythmus und -stil unterordnen, denn er ist mit seinem eigenen Lebensstil gescheitert oder zumindest in einer Krise.

Zu Beginn des Films erscheinen beide Protagonisten voneinander getrennt. Bruno fährt allein, redet kaum und stellt Robert auch als er ihn bereits begleitet keine Fragen. Robert fährt mit seinem Auto wie auf Schienen geradlinig und schnell in den Fluss. Der Eindruck entsteht, als sei seine Bahn starr vorgezeichnet und als könne er selbst dann nicht von ihr abweichen, wenn sie ihn geradewegs ins Wasser führt. Erst nach extremer Zuspitzung seiner geradlinigen Bewegungsweise, wenn er, im Wasser gelandet, nicht mehr weiter kann, greift Robert auf weniger geradlinige Formen der Fortbewegung zurück. Er schwimmt zurück an Land, nicht etwa immer noch weiter vorwärts ans andere Ufer und darüber hinaus. Er begibt sich damit in ein vollkommen unsicheres Verhältnis: in die Hände Brunos. Spätestens hier wird deutlich, dass Robert gescheitert ist. Und mit ihm ist das Prinzip ‚Geschichte' gescheitert. Durch dieses Scheitern wird die Umkehrung der gewöhnlichen Hierarchie im Verhältnis Bild – Geschichte möglich. Roberts Fahrt ins Wasser wird aus dieser Perspektive zur Dekonstruktion der beherrschenden Geschichte, wobei Geschichte in diesem Fall als in sich geschlossenes, als zentriertes System zu verstehen ist. Als Zentrum von Roberts Geschichte könnte z.B. die Beziehung zu seiner Frau gelten.

Wenders' Film *Im Lauf der Zeit* entfaltet seine dekonstruktive Wirkung weiterhin, indem er eine unauflösbare Ambivalenz aufzeigt, die dem Prinzip ‚Geschichte' innewohnt. Robert ist einerseits gezwungen, seine Lebensweise dramatisch zu verändern. Durch diesen Umstand beruhigt er sich ein wenig. Er lässt sich von Brunos zusammenhangsloser und unmittelbar wirkungsvoller Bilderwelt ablenken und somit von den zwingenden Zusammenhängen seiner Geschichte befreien. Diese Befreiung tut ihm offensichtlich gut. Er nimmt die momentanen Gegebenheiten wahr, entdeckt beispielsweise kuriose Ortsnamen auf der Landkarte oder stöbert immer wieder in ganz alltäglichen Sachen anderer Leute. Andererseits lassen diese Verhaltensmerkmale ebenso sehr Roberts Affinität zu Kontext und zur Bedeutung erkennen. Wenn er scheinbar ziellos in fremder Leute Sachen stöbert, dann kann das auch den Versuch bedeuten, aus diesen Sachen eine Geschichte zu rekonstruieren. Die Orte, die Robert auf der Landkarte entdeckt, bringt er sofort miteinander in Verbindung, und zwar anhand ihrer Namen. Darüber hinaus passen die Namen der Orte („Machtlos" und „Friedlos") bestens zu seiner momentanen Krisensituation. Der Name des Berges, der zwischen den Orten liegt, „Toter Mann", wirkt wie ein Spiegel für Roberts Scheitern und seine Position am Abgrund. Mehrfach bringt er die Grenze des Todes in den Blick: z.B. mit seiner Fahrt in die Elbe, die auch als Suizidversuch gedeutet werden kann; Bruno nennt Robert deshalb „Kamikaze". Der Fluss als Metapher für den Tod spielt auf die griechische Mythologie an. Auch Roberts nächtlicher Spaziergang zu den Bahngleisen ruft Selbstmordphantasien hervor. Der Tod ist im Film auf implizite Weise präsent. Seine Präsenz steht im Widerspruch zu Roberts linearer Geradeausbewegung, zu seiner Zielgerichtetheit. Und zugleich stimmt sie mit ihr überein. Denn Roberts geradlinige Reise in den Fluss hat, wenn auch vielleicht nur metaphorisch, den Tod zum Ziel.[99] Der Tod erscheint als letztes

---

[99]   Die Flussmetapher ist auch in *Der Himmel über Berlin* enthalten. Dort verwendet sie Damiel, um zu verdeutlichen, dass er mit seinem Entschluss, Mensch zu werden, den Tod ebenso wie das Leben als typisch menschliche Verknüpfung in Kauf nimmt:
„Ich werde in den Fluß steigen. Alter menschlicher Spruch, den ich heute erst verstehe. Jetzt oder nie: Augenblick der Furt. Aber es wird kein anderes Ufer geben: die Furt gibt es nur, solange wir drinnen im Fluß sind. Hinein in die Furt der Zeit, die Furt des Todes! Herab von unserem Ausguck der Ungeborenen! Zuschauen ist nicht herabschauen, es geschieht auf Augenhöhe."
(Wenders, Wim und Handke, Peter, Der Himmel über Berlin. A.a.O. S. 124.)

und zwangsläufiges Scheitern der Lebensgeschichte. Und zugleich ist er durch seine Zwangsläufigkeit und Unhintergehbarkeit ein Teil der paradoxen Lebensgeschichte. Roberts Lebensgeschichte, die vorher konsistent schien, wird durch den Tod und das Scheitern sozusagen aus ihr selbst heraus erschüttert. Eine ebensolche Erschütterung vorgeblich konsistenter Geschichten bewirkt die Dekonstruktion.[100] Meines Erachtens kann hier von einer Dekonstruktion von Roberts Lebensgeschichte und darüber hinaus des von ihm verkörperten geschichtlichen Prinzips gesprochen werden. Denn das für die Dekonstruktion typische Vorgehen ist auch in Wenders' Film erkennbar: wie sie zerstört er keine Geschichte bzw. kein zentriertes System aus einer Außenposition, sondern er bringt diejenigen Elemente in einer Geschichte selbst zum Vorschein, die ihrem Zentrum, welches es auch sein mag, zuwiderlaufen und somit ihre Eindeutigkeit aufspalten. Wenders dekonstruiert Roberts Lebensgeschichte, indem er den von Anfang an in ihr wie in jeder Geschichte enthaltenen unhintergehbaren Widerspruch aufzeigt. Er tut dies, indem er im Film mehrfach auf metaphorische Weise den Tod andeutet. Die Fluss-Metapher zählt zu seinen Mitteln eben-

---

[100] Den Tod benutzt Derrida beispielsweise als Metapher für den Verlust der metaphysisch behaupteten Sicherheit des Subjekts in dessen Selbstpräsenz. In Bezug auf die Schrift, die die Materialität der ganzen menschlichen Lebenswelt charakterisiert schreibt er: „Die Verräumlichung der Schrift ist das Abwesend- und Unbewußt-Werden des Subjekts. Durch die Bewegung ihres Abweichens begründet die Emanzipation des Zeichens rückwirkend den Wunsch nach der Präsenz. Dieses Werden – oder dieses Abweichen – überkommt das Subjekt nicht als etwas, das es wählen oder in das es sich passiv hineindrängen lassen könnte. Als Verhältnis des Subjekts zu seinem eigenen Tod ist dieses Werden gerade die Begründung der Subjektivität – auf allen Organisationsstufen des Lebens, das heißt der *Ökonomie des Todes*. Jedes Graphem ist seinem Wesen nach testamentarisch." (Vgl. Derrida, Jacques, Grammatologie. A.a.O. S. 120.). Zur Bedeutung des Todes für Derrida vgl. Valentin, Joachim, Atheismus in der Spur Gottes. A.a.O. S. 209-212.

so wie die ständige Grenznähe[101], die Bahngleise und das Scheitern von Roberts Ehe. All diese Metaphern weisen auch in sich selbst dieselbe Widersprüchlichkeit auf. Sie verkörpern sowohl Leben als auch Tod. Der Fluss etwa ist nicht nur als Todesmetapher geläufig. Immer wieder taucht der Fluss in der Literaturgeschichte auch als Sinnbild für Kultur und Leben auf.[102] Die Eisenbahn kann einerseits den Tod bringen, gilt aber andererseits als Inbegriff menschlichen Fortschritts. Das Scheitern einer Ehe bedeutet nicht nur ein Ende, sondern birgt auch die Möglichkeit eines Neuanfangs. Die DDR-Grenze allerdings ist allgemein stärker negativ belegt. Vor allem der ihr benachbarte „Todesstreifen" rückt sie in ein lebensfeindliches Licht und entlarvt das Argument, dass ihre Errichtung aus ideologischer Sicht durchaus dem Leben dienen sollte, als menschenverachtend und zynisch. Trotzdem ist auch diese Grenze von Menschen erbaut und Teil der menschlichen Geschichte. Und als der Film gedreht wurde, war sie Teil des täglichen Lebens. Eine Grenze mit Selbstschussanlagen und Schießbefehl

---

101 Zur Bedeutung der Grenze in *Im Lauf der Zeit* vgl. Roger Bromley. Er untersucht vor dem Hintergrund der Psychoanalyse die Auflösung der traditionellen männlichen Identität von Wenders' Männer-Figuren und sieht die Grenze als Instabilität, die das traditionell festgelegte Männerbild zugleich konstituiert und bedroht: „This film is Wenders' most explicite road movie – a film about space and movement, motion and emotion. It was shot in eleven weeks from July to October 1975 between Lüneburg and Hof along the East German border. It is literally, as well as metaphorically, set on the frontier, in a geopolitical area symptomatic of the wider Cold War – a site of tension and instability, another cultural form of masculinity – public, conflicted, binarised." (Bromley, Roger, From Alice to Buena Vista. The Films of Wim Wenders. Westport, CT, London 2001. S. 39.)

102 Auch in Damiels Aussage (in *Der Himmel über Berlin*), in der er den Fluss als Metapher für den Tod benutzt (oben zitiert in Anmerkung 99) kommt dieser positive Aspekt des Flusses, oder allgemeiner des Wassers, zum Ausdruck: in unmittelbarem Anschluss an den oben zitierten Vergleich des Flusses mit dem Tod sagt Damiel voller Vorfreude: „Zuerst werde ich ein Bad nehmen." (Wenders, Wim und Handke, Peter, Der Himmel über Berlin. A.a.O. S. 124.)

ist aus ethischen Gründen nicht durch die Suche nach einem positiven Aspekt zu harmonisieren, sie ist aber doch auch als mahnende Erinnerung daran benutzbar, dass im Menschen selbst die einander widersprechenden Triebe zum Leben und zum Tod angelegt sind.

Die Widersprüchlichkeit, die durch die implizite Präsenz des Todes im Film aufgedeckt wird, erstreckt sich auf alle Elemente der Geschichte, nicht nur der Geschichte Roberts, oder der Filmstory, sondern grundsätzlich jeder Geschichte. Eine Präsenz des Todes ist an sich schon paradox, da der Tod die Negation jeder Präsenz ist. Dieses Paradox, das alle Geschichten, Zusammenhänge oder Texte von Anfang an bestimmt, ruft erneut Derridas Transzendierung der binären Denkordnung, besonders sein Konzept der *différance,* in Erinnerung.

2.2 Rezeptionsorientiertes Textverständnis

Die LeserInnen bzw. ZuschauerInnen spielen für Derrida wie für Wenders eine entscheidende Rolle bei der Bedeutungskonstruktion. Wenders verfolgt das Anliegen, den Zuschauerinnen und Zuschauern Filme zur freien Verfügung zu stellen. Dazu vermeidet er bewusst eine allzu geschlossene Handlung und lässt den Bildern eine Eigenständigkeit zukommen. Andererseits thematisiert er nicht erst seit *Der Himmel über Berlin* das Bedürfnis nach Zusammenhang und nach einer nachvollziehbaren Geschichte. Er problematisiert die zusammenhangslose Verwendung der Bilder und äußert den Wunsch nach Einheit. Beide Anliegen sind an den Bedürfnissen der ZuschauerInnen orientiert. Wir sehen also zwei entgegengesetzte Bedürfnisse, denen Wenders nachkommen will. Das eine nach Freiheit vom Zusammenhang, ist mit der Dekonstruktion vereinbar. Das andere, welches nach dem die Freiheit beschneidenden Zusammenhang verlangt, ist mit dem ersten Bedürfnis offensichtlich unvereinbar. Ob es aber auch mit der Dekonstruktion unvereinbar ist, bleibt fraglich. Nicht das Bedürfnis nach Einheit widerspricht Derridas Dekonstruktion, sondern die Vorstellung, Einheit sei innerhalb der menschlichen Welt gegeben und erreichbar.

Mit dieser Fragestellung verlagern wir unsere Perspektive vom Gegensatz „Vereinzelung – Zusammenhang" auf den Gegensatz „Fähigkeit zur Repräsentation von Immateriellem – unhintergehbare Materialität" der gegebenen Ausdrucksmittel. Es steht stärker die Frage im Vordergrund, ob Wenders seinen Ausdrucksmitteln, seien es Bilder oder Geschichten, die Vermittlung einheitsstiftender geistiger Inhalte zutraut. Anhand eines zentralen Themas von *Der Himmel über Berlin*, nämlich der Rolle der Erzählung, soll nun dieser Frage nachgegangen werden. Dabei wird sich bald zeigen, dass die eben in den Gegensatzpaaren angesprochenen Themenbereiche gar nicht voneinander zu trennen sind. Zusammenhang und Repräsentation von Immateriellem sind verbunden, da das gemeinte Immaterielle dasjenige

Prinzip ist, welches auch zum Zentrum einer Struktur werden kann und so den Zusammenhalt einer Geschichte sicherstellt. Ebenso kann natürlich auch ein Bild als zentriertes System verstanden werden. Ich möchte im Folgenden zunächst das Verständnis von Erzählung erörtern, das in *Der Himmel über Berlin* geäußert wird, bevor ich mich im daran anschließenden Kapitel der Frage der Repräsentation in Wenders' Filmen zuwenden werde. Wie es sich für die Dekonstruktion geziemt, brauchen wir in dieser Hinsicht keine eindeutige Antwort zu erwarten. Zwar werden sich dekonstruktive Tendenzen auffinden lassen, der Film entzieht sich jedoch der Festlegung auf eine klare Intention seiner Autoren Wenders und Handke.

2.2.1 Homers Textverständnis in *Der Himmel über Berlin*

In der Bibliotheksszene von *Der Himmel über Berlin* beklagt der alte Erzähler namens Homer die kommunikative Unzulänglichkeit der Literatur. Er sieht den Grund in dieser Unzulänglichkeit darin, dass es in der Literatur keinen Kontakt zwischen LeserIn und AutorIn oder keine Präsenz der Autorin bzw. des Autors gibt. Diesem beklagten Umstand hält er eine ideale Situation in der Vergangenheit entgegen:

> Meine Zuhörer sind mit der Zeit zu Lesern geworden, und sie sitzen nicht mehr im Kreis, sondern für sich, und einer weiß nichts vom anderen.[103]

Offenbar traut Homer der mündlichen Kommunikation eher eine identische Übermittlung immaterieller Wesensinhalte zu, als der schriftlichen, denn er vermisst seine ZuhörerInnen und setzt die Lesersituation im Kontrast dazu mit Vereinzelung gleich. Homer scheint die metaphysische Privilegierung der gesprochenen Sprache vor der Schrift zu bekräftigen. Außerdem vermisst er den direkten Blickkontakt zwischen AutorIn und RezipientIn so-

---

[103]   Ebd. S. 30.

wie den Kontakt der Rezipienten und Rezipientinnen untereinander.[104] Er scheint davon auszugehen, dass es all diese Präsenzen früher einmal gegeben hat. Im Gegensatz zu Derridas Auffassung, nach der eine Präsenz in der Sprache niemals gegeben war und kein mit sich selbst identischer Ursprung, kein transzendentales Signifikat, begreifbar ist,[105] geht Homer hier offenbar von einem idealen Urzustand aus, in dem AutorIn und RezipientIn mit sich selbst und mit den anderen eins waren. Er wünscht sich offenbar auch die Deutungsfreiheit des Lesers und der Leserin eingeschränkt durch eine anwesende Autorin/einen anwesenden Autor und eine Bedeutungsvorgabe, und dies nicht nur aus dem Bedürfnis der Autorin/des Autors nach Anerkennung, sondern auch aus dem Bedürfnis der LeserInnen nach Orientierung und Bedeutung:

> The readers sit isolated from each other, and the texts they read are fragments of an ever-expanding body of knowledge that overwhelms the individual and thwarts attempts to find a larger meaning in our existence.[106]

So eindeutig, wie es hier scheint, lässt sich Homer jedoch nicht dem metaphysischen Denken zuordnen. Zwar äußert er nicht nur den sehnsüchtigen Wunsch nach Einheit und Zusammenhang, sondern scheint auch die historische Erfüllbarkeit dieses Wunsches für möglich zu halten. Andererseits lässt sich in seinen Äußerungen aber auch eine Abneigung gegenüber Bedeutung erkennen. Unmittelbar im Anschluss an seine oben zitierte Klage beschreibt Homer eine Erzählform, die den Bedürfnissen der Leserinnen und Leser nachkommen soll, auf zumindest ambivalente Weise:

---

[104] "Having been abandoned by his Listeners, Homer has lost his voice and mankind has lost its epic narrator, the creator of myths and meaning (cf. p. 59). In other words, storytelling is presented as a reciprocal interaction between a narrator and a listener." (Berghahn, Daniela, '...womit sonst kann man heute erzählen als mit Bildern?' A.a.O. S. 336.)

[105] Vgl. dazu v.a. die Ausführungen über Derridas Begriff der Spur unter Punkt 1.5 der vorliegenden Arbeit.

[106] Cook, Roger, Angels, Fiction and History in Berlin. A.a.O. S. 39.

Ein Greis bin ich
mit einer brüchigen Stimme
aber die Erzählung
hebt immer noch an
aus der Tiefe
und der leicht geöffnete Mund
wiederholt sie, so mächtig,
wie mühelos,
eine Liturgie,
bei der niemand eingeweiht
zu sein braucht,
wie die Wörter und Sätze
gemeint sind.[107]

Die Erzählung, die aus der Tiefe anhebt, scheint zunächst einem festen Ursprung zu entstammen, der abgegrenzt und unabhängig ist vom Körper des Erzählers. Sie wird von dessen leicht geöffnetem Mund nur wiederholt. Die Stimme ist hier zwar nicht als über die Materie enthoben dargestellt, da sie altersbedingte Schwächen zeigt: sie wird brüchig. Dennoch ist sie der Erzählung unterworfen, die sie wie ein vom Körperlichen getrenntes Prinzip nur zu ihrem materiellen Ausdruck benutzt. Die „Tiefe", aus der die Erzählung anhebt, bleibt allerdings völlig unbestimmt. Sie könnte einen geistigen Wesenskern im Menschen bedeuten, seine Seele, sein Selbstbewusstsein oder ein anderes immaterielles Prinzip, das das Zentrum seiner materiellen Struktur bildet. Andererseits ist es möglich, in der „Tiefe" gerade kein metaphysisches Prinzip zu verstehen, sondern eine Unbestimmtheit, die die Sicherheit eines Prinzips anficht. Die unbestimmte „Tiefe" könnte sogar Derridas *différance* entsprechen. Denn in ihr kann beispielsweise der nicht festlegbare und dennoch die sprachliche Bedeutung hervorbringende Zwischenraum, die Differenz zwischen den Zeichen gesehen werden, ein Zwischenraum, der zugleich leer und gefüllt ist und der die Kategorien sprengt und doch hervorbringt.

---

[107]   Wenders, Wim und Handke, Peter, Der Himmel über Berlin. A.a.O. S. 31.

Ein weiteres Indiz für eine solche Lesart der „Tiefe" und damit der Erzählung stellt die in Homers Worten implizierte Unabhängigkeit der Erzählung von dem/der AutorIn dar. „Der leicht geöffnete Mund", der die Erzählung „so mächtig wie mühelos" wiederholt, lässt auch auf die Materialität der Erzählung schließen, die ihre Wiederholbarkeit ausmacht. Unhintergehbare Materialität kann auch im nächsten Teil der zitierten Gedanken entdeckt werden. Die Stelle "eine Liturgie, / bei der niemand eingeweiht / zu sein braucht, / wie die Wörter und Sätze / gemeint sind" lässt auf den ersten Blick auf ein metaphysisches Textverständnis schließen, das auf der An-nahme beruht, Wörter und Sätze seien mit nur jeweils einer feststehenden Bedeutung verbunden. Es kommt mir aber wahrscheinlicher vor, dass Ho-mer an dieser Stelle keinen Text meint, dessen Bedeutung so evident ist, dass sie von allen sofort erkannt wird und dass deswegen niemand einge-weiht zu sein braucht; das wäre doch eine zu sehr utopische Vorstellung. Homer könnte unter der "Liturgie, bei der niemand eingeweiht zu sein braucht" vielmehr einen Text verstehen, bei dem erst gar nicht nach einer Bedeutung gesucht werden muss, weil diese Suche sowieso ergebnislos bliebe. Positiver betrachtet wäre das ein Text, bei dem es die LeserInnen gar nicht nötig haben, eine bestimmte Bedeutung zu finden, einen Text al-so, der die Leserinnen und Leser von der zwanghaften Suche nach einer Bedeutung befreit. An die Stelle der hermeneutischen Suche nach der Be-deutung im Text träte die Anerkennung seiner Materialität und seiner Of-fenheit. Der Text würde von der Vorherrschaft der Autorin bzw. des Autors oder eines anderen *Zentrums*, das Bedeutung vorgibt, in die freie Verfüg-barkeit der Leserin oder des Lesers übergehen. Roger Cook spricht in die-sem Zusammenhang von der konkreten oder poetischen Präsenz des Textes ("The concrete or poetical presence of the text")[108]. Diese ist aber nicht als metaphysische Präsenz zu verstehen. Sie bezeichnet das genaue Gegenteil, nämlich die Materialität des Textes, seine Unabhängigkeit von *einer* Be-

---

[108]   Cook, Roger, Angels, Fiction and History in Berlin. A.a.O. S. 40.

deutung und von einem zentrierten System, das jedem Text eine an seinem Zentrum ausgerichtete feste Bedeutung zuschreibt:

> This describes how the film and the narrative it envisions differ from the discursive practice encountered in the library. There the reader steeped in conventional hermeneutical methods struggles to grasp the meaning of the text, to place it in relation to a world of meaning that lies outside it. The concrete or poetical presence of the text is abandoned for the world behind it.[109]

Eine solche Form von Erzählung, wie sie Homer hier umschreibt, reiht sich hervorragend in die Struktur der ersten Hälfte von *Der Himmel über Berlin* ein, mit ihren bedeutungslos aneinandergehängten Bildern und Texten. Cook beschreibt, wie diese Struktur auch als Umsetzung von Homers Vision verstanden werden kann:

> In keeping with Homer's account, *Wings of Desire* itself comprises a liturgy of freely flowing images and texts, whose rhapsodical enchantment eases the ingrained resolve to get at what the film means.[110]

Innerhalb der Handlung kommt es vor, dass Texte einen ebensolchen Effekt auf andere Figuren erzielen. Die Szene zum Beispiel, in der Damiel auf einen verunglückten Motorradfahrer trifft, wirkt wie die Umsetzung der von Homer beschriebenen Liturgie. Damiel beeinflusst hier die Gedanken des Sterbenden: er vollzieht eine ‚Liturgie', die die innere Stimme des Motorradfahrers wegführt von dessen Schmerzen und Todesangst hin zu einer Reihe einzelner Phrasen und Bilder.[111] Diese Liturgie, die die Form einer Litanei hat, lindert die Angst gerade nicht durch einen rein transzendenten Kontext, sondern indem sie die Aufmerksamkeit des Sterbenden auf weltliche Phänomene lenkt. Ein transzendenter Aspekt ist dabei jedoch nicht zu übersehen: Die Litanei steht ja nicht für sich allein, sondern sie wirkt sich auf den Sterbenden aus, indem sie ihn mit seiner eigenen Materialität und

---

[109] Ebd. S. 39f.

[110] Ebd. S. 40.

[111] Ebd.

Sterblichkeit konfrontiert und versöhnt. Diesseits und Jenseits werden hier wie bei Derrida ununterscheidbar. Zugleich befreit Damiels Textvorgabe den Sterbenden von allem Vorgegebenen: sie erlaubt ihm, seine eigenen Assoziationen spielen zu lassen und die Reihung beliebig zu erweitern:

> Damiel (Die Anrufung der Welt):
> Wie ich bergauf ging und aus dem Talnebel in die Sonne kam...
> Das Feuer am Rande der Viehweide...
> Die Kartoffeln in der Asche...
> Das Bootshaus weit draußen am See...
> Damiel und der Sterbende zusammen:
> Der Ferne Osten,
> Der Hohe Norden,
> Der Wilde Westen
> Der Große Bärensee!
> Der Sterbende allein:
> Die Insel Tristan de Cunha.
> Das Delta des Mississippi.
> [...][112]

Zusammenfassend lässt sich sagen: Homers Textverständnis ist nicht eindeutig zu bestimmen. Vieles in seinen Äußerungen lässt darauf schließen, dass er eine unmittelbare Präsenz des Gemeinten im Text für möglich hält. Unbestritten dürfte sein, dass er sich eine solche Präsenz wünscht. Gerade seine Beschreibung der eigenen Erzählsituation, die seiner Klage um die verlorene Einheit folgt, ist ausgesprochen ambivalent. Sie lässt sowohl metaphysische, als auch dekonstruktive Deutungen zu. Die dekonstruktive Deutung scheint in diesem Fall von der Struktur des Films, vor allem der ersten Hälfte, bestärkt. Zudem entspricht sie dem von Wenders geäußerten Anliegen, die ZuschauerInnen vom zwingenden Kontext zu befreien. Die metaphysische Deutung von Homers Aussage, die eine uneingeschränkte Zugänglichkeit der Bedeutung im Text annähme, wirkt außerdem fast schon naiv oder utopisch. Andererseits aber ist es gerade eine solche Naivität und die Affinität zur Utopie, die Homer und das von ihm verkörperte

---

112   Wenders, Wim und Handke, Peter, Der Himmel über Berlin. a.a.O. S. 52f.

Prinzip ‚Erzählung' im Verlauf des Films auszeichnet. Homer, der Erzähler, erscheint als jemand, der sich mit der hintergrundlosen Realität, die er
vorfindet, nicht zufrieden gibt und dem stets eine andere, ideale Situation
vor Augen steht. Dieser Idealismus wird in *Der Himmel über Berlin* durchaus ambivalent dargestellt: einerseits bedeutet er die Hoffnung auf eine
bessere Welt, andererseits wird er der tatsächlich vorgefundenen Realität
nicht gerecht. Im Folgenden möchte ich darlegen, wie in *Der Himmel über
Berlin* der utopische Aspekt der Erzählung sowohl eine positive, als auch
eine negative Bewertung erfährt.

2.2.1.1   Der utopische Aspekt der Erzählung in *Der Himmel über Berlin*

Die Erzählung ist in *Der Himmel über Berlin* mit utopischen Vorstellungen
von einer besseren Welt verbunden. So charakterisiert Homer das "Land
der Erzählung" als idealen, friedlichen Ort:

> [...]
> und dort erst fängt mein Land,
> das Land der Erzählung, an.
> Warum sehen nicht alle schon als Kinder
> die Pässe, Pforten und Durchschlüpfe
> unten auf der Erde und oben im Himmel?
> Würde sie jeder sehen, ...
> gäbe es eine Geschichte ohne Totschlag
> und Krieg.[113]

Ihren utopischen Charakter erhält die Erzählung dadurch, dass in ihr der
selektive und ordnende Aspekt menschlicher Wahrnehmung stärker betont
ist als etwa in einzelnen Bildern. Indem die Erzählung Elemente auswählt
und neu ordnet, kann sie eine neue, eine ihr besser erscheinende Realitäts-
ordnung entwerfen. Homers hörbare Gedanken ordnen die Menschen, die

---

[113]   Ebd. S. 90.

wie er mit Erzählung zu tun haben, einem Idealismus zu, der sich mit der bestehenden Welt nicht zufrieden gibt und sich einem utopischen Urzustand zugehörig sieht:

> Wo sind die Meinigen,
> die Begriffstutzigen, die Ursprünglichen?[114]

Homer deutet die Sehnsucht nach einer ursprünglichen Selbstidentität des Menschen an. Der Kontext des ganzen Films stellt aber die Realisierbarkeit einer solchen Identität in Frage. Denn das die Utopie vermittelnde Prinzip "Erzählung" und die Utopie selbst erscheint im Film keineswegs nur positiv. Es erscheint auch als naiv und der Welt nicht gerecht werdend. Es scheint in einem wahnhaften und totalitären Ideal verschlossen und ohne Kontakt zu der Welt außerhalb. Das wird ersichtlich an Homers Gedanken und an seinem Verhalten. In der Bibliothek spricht Homers Gedankenstimme seine von der Welt und der Zeit unberührte Situation aus:

> Die Welt scheint zu verdämmern, doch ich erzähle, wie am Anfang, in meinem Singsang, der mich aufrechterhält, durch die Erzählung verschont von der Jetztzeit und geschont für die Zukunft.[115]

Homers Verhältnis zur Realität wird weiterhin anschaulich an seiner Suche nach dem zerstörten Potsdamer Platz. Er lebt so sehr im idealisierten System seiner Erinnerungen, dass er sich nicht vorstellen kann, dass "sein" Potsdamer Platz mittlerweile gar nicht mehr existiert. Homer vertraut seinen Erinnerungen, seinen Erzählungen, mehr als dem, was er sieht:

> Ich kann den Potsdamer Platz nicht finden! Nein, ich meine hier...Das kann er doch nicht sein! Denn am Potsdamer Platz, da war doch das Café Josti...[116]

---

[114] Ebd. S. 59.
[115] Ebd. S. 56.
[116] Ebd. S. 58.

Auffällig ist zudem, dass Homers Erinnerungen nur private, subjektive Eindrücke enthalten. Er erzählt von einer Zeit, in der sich schlimmste Katastrophen ereignet haben –augenscheinlich werden sie im Film am zerstörten Potsdamer Platz. Homer erinnert sich aber nur an Nebensächlichkeiten wie sein Stammcafé, ein Tabakgeschäft, oder sein Auto und das vom "Schokoladen-Hamann". Vom Nationalsozialismus bemerkt er nur, dass plötzlich überall Fahnen hingen und die Leute unfreundlich wurden:

> [...] Und dann hingen plötzlich Fahnen, dort ...
> Der ganze Platz war vollgehängt mit ...
> Und die Leute waren gar nicht mehr freundlich und die Polizei auch
> nicht.[117]

Homer tritt während des gesamten Films mit niemandem in Kontakt. Er bleibt allein in seiner abgeschlossenen Weltsicht. Sein Verhalten macht deutlich, dass er in der Realität genau das verfehlt, was er in seiner Utopie für gegeben hält, nämlich die Einheit der Menschen untereinander, die Einheit der Erzählung mit der Realität und die Einheit von Erzählung, AutorIn und LeserIn.[118] Auch die Einheit mit sich selbst, die ihm die Erzählung

---

[117] Ebd. S. 58f. Dass auch das Prinzip Bild, wenn es isoliert ist, nicht vor derartiger Leichtfertigkeit im Umgang mit dem Nationalsozialismus gefeit ist, zeigt eine Szene aus *Im Lauf der Zeit*: Dort gewinnt die Begleiterin von Bruno, dem Vertreter des Prinzips Bild, an einer Jahrmarktsbude eine Kerze in Form einer Hitler-Büste. Von Erschütterung oder Entrüstung darüber, dass eine solche Kerze auf einem Jahrmarkt angeboten wird, ist bei Bruno nichts zu merken. Er reagiert ungeheuer gleichgültig, indem er sich mit einem lockeren Spruch („Feuer vom Führer") seine Zigarette an der Kerze anzündet.

[118] Die Einsamkeit zeichnet auch andere Helden aus Wenders' Filmen aus, die an ihrem Anspruch auf identische Repräsentation scheitern: So bleibt etwa der Erzähler aus *Bis ans Ende der Welt*, Eugene, den ganzen Film über allein, obwohl er beständig der Vereinigung mit Claire nacheifert. Und auf der Seite der Bilder bringt Regisseur Friedrich Monroe in *Lisbon Story* sein Ideal von identischer Wahrnehmung mit der Einsamkeit in Verbindung: „Einsamkeit ist die Voraussetzung für das, was ich tue. Wer sonst ist bereit, sich selbst zu verlieren und in das Leben einer Stadt einzutauchen, wenn nicht der Einsame?" (Wenders, Wim,

scheinbar gewährt, erweist sich als unvollkommen. Es fehlt ihm das Verhältnis zu seiner eigenen Körperlichkeit, die er aber doch nicht verleugnen kann. Denn er bemerkt trotz seiner Affinität zu einer geistigen Metarealität seine materielle Abhängigkeit: sein Altern, seine brüchige Stimme und seine Unfähigkeit zum weit ausholenden Erzählen. Seine im reinen Geist verortete Selbstidentität, die ihn über die Zeiten hinweg bewahrt, erscheint als Flucht vor der materiellen Unübersichtlichkeit der Welt in ein abgeschlossenes Denksystem. So gesehen dekonstruiert die widersprüchliche Figur Homer Vorstellungen wie reine Geistigkeit, Selbstidentität und Kommunikation im Sinne identischer Vermittlung von Bedeutung.

Trotzdem legt Wenders' Film auch eine positive Bewertung der Utopie nahe, wenn sie auch in weite Ferne vom Erreichbaren rückt. Ihr Wert besteht darin, ein gewisses Maß an Sicherheit zu suggerieren, da sie von der Unübersichtlichkeit der Eindrücke wegführt und die Möglichkeit bietet, die Welt neu zu ordnen. Eine derartige Möglichkeit halte ich schon um des puren Überlebens willen für unverzichtbar. Natürlich sieht auch Derrida die (auch in ethischer Hinsicht bestehende) Notwendigkeit, Komplexität und Freiheit einzuschränken. Er wendet sich aus diesem Grund bekanntlich gegen Versuche, aus dem metaphysischen Denken auszusteigen. Mit Derrida gilt es jedoch einzuwenden, dass jeder ordnende Eingriff in die Welt ein Akt der Gewalt darstellt, der die Vielfalt der einzelnen Phänomene und deren freies Spiel beschneidet. Mit der Ordnung ist immer ein Herrschaftsanspruch verbunden, der eine bestimmte Sichtweise allen anderen vorzieht und Elemente ausgrenzt, die sich mit dieser Sichtweise nicht vereinbaren lassen.

Lisbon Story.) Wie unter Punkt 2.1.1 der vorliegenden Arbeit bereits dargelegt, wird diese Vorstellung Friedrichs innerhalb des Films deutlich kritisiert.
In *Im Lauf der Zeit* bringt Bruno die paradoxe Realität von Beziehungen zum Ausdruck, an der er, vermutlich aufgrund einer zu idealistischen einlinigen Sichtweise, scheitert: „Natürlich wünsch' ich mir, eins zu sein mit einer Frau. Aber genauso wünsch' ich mir, für mich zu sein. [...] Ich hab' mich immer nur einsam gefühlt in einer Frau. Einsam bis auf die Knochen." (Wenders, Wim, *Im Lauf der Zeit.*)

Wie ich schon dargelegt habe, sieht Wenders sowohl die Notwendigkeit einer ordnenden Erzählung, als auch deren totalitäre Gefahr. In *Der Himmel über Berlin* scheint ihm die Vermittlung von beidem besonders wichtig. Er versucht dies mehrfach, über ein ausgeglichenes Verhältnis der Prinzipien Bild und Geschichte zu erreichen. In Bezug auf Homer zeigt sich, dass die von ihm verkörperte Erzählung nur dann auch nützliche Perspektiven bietet, wenn sie mit Bildern konfrontiert wird. Ein Beispiel für eine solche Ergänzung bietet die Szene, in der Homer in dem Fotobuch von August Sander „Menschen des 20. Jahrhunderts" blättert. In diese Szene sind Archivaufnahmen montiert, die grauenvolle Bilder von Opfern des zweiten Weltkrieges zeigen. Es scheint, als stünden diese Bilder in Verbindung mit den Fotos, die Homer betrachtet, eventuell als Verdeutlichung der Brutalität, der die „Menschen des 20. Jahrhunderts" ausgesetzt waren, und als sollten sie Homer aus seiner fiktiven heilen Welt auf den Boden der Tatsachen hinabziehen.[119] Die Bilder vom Potsdamer Platz stehen ebenfalls

---

[119] Vgl. Cook, Roger, Angels, Fiction and History in Berlin. A.a.O. S. 44. Caldwell und Rea bezeichnen Homer als blinden Poeten, der mit den Bildern nichts anzufangen weiß: "Homer's name suggests that he is a blind poet, a man of words; indeed he cannot make much meaning from the pictures he examines in the library." (Caldwell, David und Rea, Paul W., Handke's and Wenders's *Wings of Desire*: Transcending Postmodernism. In: The German Quarterly. Vol. 64. Number 1, 1991. Cherry Hill, New Jersey. S. 51.)
Ich schließe mich Roger Cooks Meinung an, dass die Bilder nicht spurlos an Homer vorbeigehen. Dafür spricht, dass Homer beim Betrachten der Bilder über das Thema Krieg und Frieden nachdenkt. Es scheint mir, als bestimme das, was er sieht, das Thema seines Denkens. Ein Umdenken ist zu erkennen. Homer äußert: "Meine Helden sind nicht mehr die Krieger und Könige, sondern die... Dinge des Friedens, eins so gut wie das andere." (Wenders und Handke, a.a.O. S. 56). Das kann bedeuten, dass er sich aufgrund der Bilder, die er betrachtet und deutlicher noch aufgrund der Bilder, die in die Szene montiert sind, dazu entschließt, der in ihnen dargestellten Wirklichkeit zu trotzen und sich dem idealistischen Projekt des "Epos des Friedens" zu widmen.
Auch am Potsdamer Platz wird Homer beeinflusst von dem, was er sieht - er wird wenigstens vorübergehend verunsichert -, auch wenn er sich dadurch nicht von seiner anfänglichen Vorstellung von dem Platz abbringen lässt. Homer ist demnach nicht die reine Verkörperung eines Prinzips, sondern er ist durchaus auch ein Mensch.

im Kontrast zu den Vorstellungen Homers. Dennoch bleibt die oben erwähnte Fähigkeit der Erzählung, die sie den Bildern voraushabe, bestehen.
Sie kann eben eine Utopie oder ein Leitbild für die Zukunft entwerfen.
Während die einzelnen Bilder nur für das momentan Gegebene stehen,
kann die Erzählung eine andere Situation erdenken, sie gibt eine Perspektive.[120] So gibt sich auch Homer nicht mit dem, was er vorfindet, zufrieden.
Am Potsdamer Platz sagt er trotzig:

> Aber ich gebe so lange nicht auf,
> bis ich den Potsdamer Platz gefunden habe![121]

Noch aussagekräftiger erscheint mir seine Bemühung um ein "Epos des
Friedens". Trotz der erschütternden Bilder, die zu sehen sind – es handelt
sich vor allem um Bilder getöteter Kinder –, versucht Homer, seinem Ideal
der Kindschaft und der Unschuld treu zu bleiben, auch wenn das längst verloren scheint:

> Aber noch niemandem ist es gelungen, ein Epos des Friedens anzustimmen.
> Was ist denn am Frieden, daß er nicht auf die Dauer begeistert und daß sich
> von ihm kaum erzählen läßt? Soll ich jetzt aufgeben? Wenn ich jetzt aufge-
> be, dann wird die ...
> Menschheit ihren Erzähler verlieren. Und hat die Menschheit einmal ihren
> Erzähler verloren, so hat sie auch ihre Kindschaft verloren.[122]

---

[120]   "Both visual and verbal knowledge alone are inadequate. As Homer searches
        vainly for Berlin's Potsdamer Platz in what is now an empty space near the Wall,
        he *knows and recalls* the location of the former Platz, though it no longer can be
        seen. It is precisely this knowledge that evokes the need for foresight, for intui-
        tion." (Caldwell, David und Rea, Paul W., a.a.O. S. 50.)
        Vgl. auch folgende Stellen bei Caldwell und Rea: "The importance of both, writ-
        ten and pictorial sources pervades *Wings*." (ebd. S. 50) und: "Neither words nor
        images alone suffice." (ebd. S. 51).
        Vgl. außerdem Anm. 119 der vorliegenden Arbeit.

[121]   Wenders, Wim und Handke, Peter, Der Himmel über Berlin. a.a.O. S. 59

[122]   Ebd. S. 57. Zum Ideal der Kindschaft siehe Punkt 2.2.2.

Offenbar erhofft sich Wenders von den Bildern, dass sie die Abgeschlossenheit der Erzählung aufbrechen und deren totalitäre Herrschaft einschränken. Er will offensichtlich die Eigenständigkeit der Bilder gegenüber der Erzählung bewahren, indem er darlegt, dass die Erzählung auf ihre einzelnen Elemente, die Bilder, angewiesen ist. Bei diesem Vermittlungsversuch tritt allerdings ein Problem zu Tage, das ich bereits unter Punkt 2.1.1 beschrieben habe. Es betrifft das Verständnis der Bilder: Werden Bilder in unserem Kontext nur als einzelne selbständige Elemente verstanden, die dem Kontext einer Handlung widerstehen, so ist ihnen durchaus eine dekonstruktive Wirkung zuzusprechen. Mischt sich unter dieses Bilder-Modell aber die Vorstellung identischer Repräsentation von Wirklichkeit, wird es problematisch. Genau dies scheint in Homers ergänzender Konfrontation mit dem bildlichen Prinzip der Fall zu sein. Denn darin drückt sich die Hoffnung aus, dass die unzulängliche Erzählung durch das Zusammenspiel mit dem unmittelbaren Realitätsbezug der Bilder zu einer wirklich funktionierenden Kommunikation befähigt wird. Die Bilder stehen hier demnach nicht mehr für sich allein, sondern sie sollen etwas repräsentieren, das von ihrer Materialität unabhängig ist. Dieses Bilderverständnis steht der Problematisierung der Bilder hinsichtlich ihrer „Echtheit" entgegen, die Wenders' Filme leitmotivisch durchzieht. Immer wieder zieht Wenders in seinen Filmen die Möglichkeit jeder Form von Repräsentation, nicht nur der visuellen, in Zweifel (vgl. dazu Kapitel 2.3 der vorliegenden Arbeit). Außerdem ist bei Wenders' Vermittlungsversuch immer noch das alte Problem zu beachten, dass ein wirklich ausgeglichenes Verhältnis zwischen Bildern und Geschichte kaum denkbar ist, weil die Geschichte immer dazu neigt, die einzelnen Bilder zu dominieren, sie ihrem inneren Zusammenhang unterzuordnen (vgl. Punkt 2.1.2).

All diese Schwierigkeiten scheint Wim Wenders am Ende von *Der Himmel über Berlin* zu ignorieren, wenn er in der Bar-Szene eine funktionierende Kommunikation propagiert. In dieser Szene wird eine ideale Erzählsituation simuliert, die Bild und Geschichte in ein gleichberechtigtes Verhältnis bringt und damit die Kommunikation sowohl der Filmfiguren untereinander, als auch der Zuschauerinnen und Zuschauer mit den Filmfiguren ermöglicht. Wenders versucht in dieser Szene, den Kontakt zwischen ErzählerIn und Publikum zu schließen, indem er entgegen einer zentralen kinematografischen Regel seine Erzählerfiguren direkt ins Publikum blicken lässt.[123] In ihrer Liebeserklärung an Damiel richtet Marion ihren Blick nicht nur auf Damiel, sondern auch direkt in die Kamera und damit auf die Zuschauerin/den Zuschauer. Der Zuschauer und die Zuschauerin befinden sich nicht mehr in der Rolle des unabhängigen Beobachters bzw. der Beobachterin, sondern er/sie ist in die Handlung miteinbezogen.[124]

> In direct violation of a cardinal rule of classical cinema, the gaze as well as
> the words of the final two speeches are directed simultaneously at the other
> and at the spectator. Their eyes do not look past the lens into the eyes of the
> other next to the camera, but directly into the camera.[125]

Der/die ZuschauerIn tritt nacheinander an die Stelle des Mannes und an die der Frau und wird sich des auf sich gerichteten Blickes bewusst. Die Unsichtbarkeit, die dem zuschauenden Subjekt für gewöhnlich im Hollywood-Kino gewährt wird, ist zerstört.[126] Marions und Damiels Blicke sind zu einem Kreislauf geschlossen. Ihre Kommunikation scheint intakt. Und auch der Zuschauerin wie dem Zuschauer wird die Teilnahme an dieser Kommunikation gewährt: „[...] the reciprocal close-ups create a triad of looks, that includes the audience."[127] Ebenfalls geht aus den Worten, die Marion spricht, hervor, dass das Geschehen der Szene nicht nur für sie und Damiel relevant ist; für sie ist die ganze Welt, alle Menschen, also auch die ZuschauerInnen des Films, beteiligt:

---

123 Vgl. Berghahn, Daniela, "...womit sonst kann man heute erzählen, als mit Bildern?". A.a.O. S. 337.
124 Vgl. ebd. S. 337. Und Cook, Roger, Angels, Fiction and History in Berlin. A.a.O. S. 41f.
125 Cook, Roger, Angels, Fiction and History in Berlin. A.a.O. S. 42.
126 Ebd. S. 42.
127 Ebd. S. 42.

Nicht nur die ganze Stadt, die ganze Welt...
nimmt gerade teil an unserer Entscheidung.
Wir sind jetzt mehr als nur zwei.
Wir verkörpern etwas.
Wir sitzen auf dem Platz des Volkes, und der ganze Platz ist voll von Leu-
ten, die sich dasselbe wünschen wie wir.
Wir bestimmen das Spiel für alle![128]

Der "Platz des Volkes" erweitert den Raum innerhalb der Erzählung. Laut
Roger Cook kann er als ein Raum angesehen werden, der zwischen der auf
die Leinwand projizierten Erzählung und der physischen Anwesenheit des
Publikums liegt, und der aufgeladen ist mit den Wünschen sowohl der
Filmfiguren, als auch die Zuschauerinnen und Zuschauer im Kino.[129]

Diese Möglichkeit des Zusammenspiels von Bild und Geschichte erscheint
als die große kommunikative Möglichkeit des Mediums Film überhaupt.
Auch dabei ist aber nicht zu übersehen, dass die bewegten Bilder im Kino
eine Nähe der SchauspielerInnen nur simulieren und nicht wirklich herstellen. Schon in dem Spielfilm, der dem *Himmel über Berlin* zeitlich folgt,
nämlich *Bis ans Ende der Welt*, warnt Wenders eindringlich vor den Bildern, welche Realität nur simulieren, nicht aber repräsentieren. Und bereits
in *Der amerikanische Freund* von 1977 wird die Unterscheidbarkeit von
„echten" und „falschen" Bildern problematisiert: Der als tot geltende Maler
Derwatt „fälscht" darin seine eigenen Bilder, um sie zu einem höheren
Preis zu verkaufen. Jonathan hält bei der Rahmung ein Bild Derwatts für
eine Fälschung. Er hat damit sowohl unrecht, als auch recht: Das Bild ist
echt, weil es tatsächlich von Derwatt gemalt wurde. Es ist aber insofern
auch falsch, als es nicht wie behauptet ein hinterlassenes Bild eines toten
Malers ist – ein Detail, das den Marktwert des Bildes entscheidend beeinflusst.

---

[128]   Wenders, Wim und Handke, Peter, Der Himmel über Berlin. a.a.O. S. 162.
[129]   Cook, Roger, Angels, Fiction and History in Berlin. A.a.O. S. 42.

Die Problematik der Reproduktion von Wirklichkeit eröffnet bereits den Themenbereich des nächsten Kapitels 2.3. Vor der Beschäftigung mit den menschlichen Ausdrucksmitteln und ihrer Materialität möchte ich den Blick aber noch auf ein Motiv richten, das in Wenders' Filmen eine besonders wichtige Stellung einnimmt und das in *Der Himmel über Berlin* gerade mit dem utopischen Aspekt der Erzählung verbunden ist. Es handelt sich dabei um das Motiv der Kindschaft.

2.2.2 Das Motiv der Kindschaft

Um etwas über Wenders' Einstellung zu Idealität und Utopie zu erfahren, empfiehlt es sich, sein vielleicht wichtigstes Ideal, das der Kindschaft, genauer zu betrachten. In Wenders' Filmen treten immer wieder Kinder auf. Sie zeichnen sich durchweg dadurch aus, dass sie den Erwachsenen in zentralen Belangen überlegen sind. Kinder können in *Der Himmel über Berlin* die Engel sehen, und Hunter gelingt in *Paris, Texas* im Unterschied zu seinem Vater Travis der Kontakt mit seiner Mutter Jane. Fast immer sind es Kinder, die die Erfolglosigkeit vieler Anstrengungen von Erwachsenen aufdecken. In *Alice in den Städten* bezeichnet Alice die vergeblichen Versuche des Journalisten Philip Winter, eine Reportage über die USA zu schreiben, pietätlos als „Krickelei" und übertrifft seine Souveränität im täglichen Leben bei weitem. Nicht selten eröffnen Kinder den erwachsenen Filmfiguren eine Weltsicht, die ihre unlösbaren Probleme in den Hintergrund treten lässt. In *Im Lauf der Zeit* ist es ein Kind, das Robert durch sein Beispiel von der Schwere seiner Gedanken und von seiner Grübelei erlöst, so dass Robert erstaunt fragt: „So einfach ist das?" Kinder sind für Wenders so etwas wie die idealen Menschen. Ihre Idealität ist aber keineswegs nur metaphysisch zu verstehen. Auch wenn ihre Schlüsselposition in vielen Filmen Vorstellungen von einem harmonischen Urzustand der Menschen wachruft, zeigt sie bei genauer Betrachtung mindestens ebenso viele dekonstruktive Eigenschaften. Die Kinder verkörpern für Wenders in erster

Linie den idealen Blick auf die Welt. Es ist dies ein unvoreingenommener Blick, der nicht dem Zwang unterworfen ist, alles zu verstehen, sondern der die Einzelerscheinungen so hinnimmt, wie sie sich im Moment darstellen. In gewisser Weise sind Kinder für Wenders wahrhaftiger, allerdings wiederum nicht so sehr im metaphysischen Sinn, sondern insofern, als sie auf nichts anderes als die vordergründigen Gegebenheiten verweisen. In einem Interview äußerte sich Wim Wenders über die Rolle der Kinder in seinen Filmen:

> Und Kinder sind in meinen Filmen eigentlich immer gegenwärtig als der eigene Wunschtraum der Filme, sozusagen als die Augen, die meine Filme gerne hätten. Nämlich einen Blick auf die Welt ohne jede Meinung, ein ganz ontologischer Blick. Und das ist eigentlich nur der Kinderblick. Die Kinder sind sozusagen immer zur Ermahnung in den Filmen drin: daß man nicht vergißt, mit welcher Neugierde und Unvoreingenommenheit die Welt sichtbar werden kann.[130]

Ein solches Verständnis von Kindheit ist deutlich idealisiert. Wirklich lebende Kinder dürften kaum das Maß an Meinungslosigkeit erfüllen, das ihnen hier zugesprochen wird. Es geht Wenders offenbar nicht darum, Kinder so darzustellen, wie sie wirklich sind, das wäre nach unseren bisherigen Überlegungen ja auch gar nicht möglich, sondern so, wie er sie sieht oder sehen will. Sie sollen etwas ausdrücken. Damit widerspricht er seinem eigenen Ideal der Unvoreingenommenheit. Ein unvoreingenommener Blick steht von vorn herein im Widerspruch zu einem idealisierenden Blick. Dennoch stellt Unvoreingenommenheit für Wenders offenbar ein Ideal dar, das der Unvoreingenommenheit per definitionem den Platz streitig macht. Der hier aufscheinende Widerspruch ruft erneut die Dekonstruktion in Er-

---

[130] Wenders, Wim, Das Wahrnehmen Einer Bewegung. Gespräch mit Taja Gut. Berlin, 2. März 1988. In: Ders., The Act of Seeing. Texte und Gespräche. Frankfurt/M. 1992. S. 56.
Wenders verwendet hier „ontologisch" in einem ungewöhnlichen Sinn. Offenbar bezeichnet er damit einen Blick, der gerade nicht hinter die Dinge schaut und sie nicht in ein Denksystem einordnet.

innerung. Aus ihrer Sicht wird es denkbar, die sich widersprechenden Eigenschaften zu verbinden. Auf logisch nachvollziehbarer Ebene muss jenes Ideal sich selbst widersprechen. Die idealisierte Unvoreingenommenheit erscheint somit als Dekonstruktion des metaphysischen Idealitätsbegriffs. Wenders' Ideal der Kindschaft kann also nach den Regeln des diskursiven Denkens nicht auf eine reine Idee im metaphysischen Sinne verweisen. Da es weder mit dem klassischen Begriff des Ideals übereinstimmt, noch ihn verlässt, denn es bleibt ein Ideal, das in den Phänomenen nicht verwirklicht ist, bewegt es sich wie Derridas Motiv der *différance* zwischen den Kategorien „Idee" oder „Geist" und „Materie". Auch die Folgerung, dass Kinder nach Wenders' Ideal die Widersprüchlichkeit der Welt kaum als störend empfinden, weil sie ja aufgrund ihrer unvoreingenommenen Kategorienlosigkeit gar nichts anderes kennen, verweist auf Derridas Vorstellung vom freien Spiel der Elemente und von der „fröhliche[n] Bejahung des Spiels der Welt"[131]. So kann in Wenders' Motiv der Kindschaft ein weiteres Indiz für seine Nähe zur Dekonstruktion gesehen werden. *Der Himmel über Berlin* thematisiert die Kindschaft im eben dargelegten Verständnis unter anderem mit den Worten Peter Handkes. Die Anfangsworte, die Damiels Stimme im Off spricht und die in variierter Form den ganzen Film durchziehen, weisen eine Ambivalenz auf, die jener von Homers Gedanken ähnelt. Die Worte Damiels deuten sowohl ein metaphysisches, als auch ein dekonstruktives Verständnis der Kindheit an. So rufen sie beim ersten Hören den Gedanken an eine ursprüngliche und metaphysisch begründete Einheit hervor, die in der Vergangenheit gegeben war:

Als das Kind Kind war,
wußte es nicht, daß es Kind war,
alles war ihm beseelt,
und alle Seelen waren eins.[132]

---

131 Derrida, Jacques, Die Struktur, das Zeichen und das Spiel. A.a.O. S. 441.
132 Ebd. S. 4.

Genau betrachtet treten aber Widersprüche zum metaphysischen Verständnis zu Tage: Die Einheit, die zunächst an eine unmittelbare Selbstpräsenz des Subjekts erinnert, erweist sich als nicht-bewusste und unbestimmte Vermengtheit, in der kein Subjekt von einem anderen unterschieden ist. Denn das Kind wusste nicht, dass es Kind war. Und es konnte sich nicht von anderen Seelen unterscheiden, da ihm alle Seelen eins waren. Der Zustand des Kindes wird als unbestimmt, fast eigenschaftslos beschrieben:

Als das Kind Kind war,
hatte es von nichts eine Meinung,
hatte keine Gewohnheit,
saß oft im Schneidersitz,
lief aus dem Stand,
hatte einen Wirbel im Haar
und machte kein Gesicht beim Fotografieren.[133]

Die im Film öfter wiederholten Worte „Als das Kind Kind war ..." legen die Überzeugung nahe, dass auch die Erwachsenen von ihrem Wesen her immer noch Kinder sind, die sich nur von ihrem ursprünglichen Zustand entfernt haben. Mit dieser Bestimmung als Kinder wird den Menschen jedoch kein feststehender Wesenskern zugesprochen. Im Gegenteil: der Begriff des Wesens wird durch die Verbindung mit der unbestimmten Kindheit erschüttert. Unterstützt wird diese Verunsicherung von der kindlichen Art des Denkens, das alle Sicherheit und alle Kategorisierung des erwachsenen Denkens in Frage stellt:

Als das Kind Kind war,
war das die Zeit der folgenden Fragen:
Warum bin ich Ich und
warum nicht Du?
[...]
Warum bin ich hier und
warum
nicht dort?

---

133 Ebd.

94

Wann begann die Zeit
und wo endet der Raum?
[...]
Ist das Leben unter der Sonne
nicht bloß ein Traum?
Ist, was ich sehe und höre und rieche,
nicht bloß der Schein
einer Welt vor der Welt?
Gibt es tatsächlich das Böse
und Leute, die wirklich die Bösen sind?
Wie kann es sein, daß ich, der Ich bin,
bevor ich wurde, nicht war
und daß einmal ich,
der Ich bin, nicht mehr der,
der Ich bin, sein werde.[134]

So wird Wenders' Kindheitsideal auch in *Der Himmel über Berlin* zur Dekonstruktion des Mythos von der metaphysischen Kompetenz der Menschen. Es wirft die Erwachsenen zurück auf eine Lebensweise, die mehr
vom Staunen, als vom Wissen gekennzeichnet ist. Und auf Staunen legt
auch Derrida besonderen Wert: indem er das scheinbar sichere Wissen
entmachtet, öffnet er Raum zum Staunen zum Beispiel darüber, dass die
Differenz, obwohl sie gar nicht *ist*, sich so konstruktiv in Sprache und
Denken auswirkt. Mit dem Staunen verbindet sich auch die ethische Dimension von Derridas Denken: nämlich sein Plädoyer für die unvoreingenommene Hinwendung zu jedem einzelnen Menschen und jedem einzelnen
Phänomen, auch wenn er sich darüber im Klaren ist, dass vollkommen unvoreingenommene Wahrnehmung nicht möglich ist und auch niemals möglich war.

Wenders' widersprüchliches Kindheitsideal spiegelt die Ambivalenz wider,
die seine gesamte filmerische Tätigkeit kennzeichnet und der in der vorliegenden Arbeit nachgespürt werden soll. Einerseits wird Wenders von der
Sehnsucht nach Einheit und identischer Repräsentation der Bewusstseins-

---

[134]   Ebd. S. 14ff.

inhalte angetrieben, andererseits konstatiert er in seinen Filmen immer wieder die Unmöglichkeit einer solchen Einheit und äußert sein Unbehagen gegenüber totalitärer Vereinheitlichung in Bild und Geschichte.

In *Der Himmel über Berlin* bringt Homer die Erzählung mit dem Motiv der Kindschaft in Verbindung: „Und hat die Menschheit einmal ihren Erzähler verloren, so hat sie auch ihre Kindschaft verloren."[135] Dem steht die Beobachtung entgegen, dass Homer das Kindheitsideal der Offenheit und der Unvoreingenommenheit mit seiner ideologisch geschlossenen Weltsicht nicht einlöst. Die selbe Aporie, die oben in Wenders' Ideal der Kindschaft entdeckt wurde, kennzeichnet also auch Homers Verhältnis zur Kindschaft. Homer jagt dem von dem Kindheitsideal bezeichneten und zugleich unbestimmbaren ‚Zustand' nach. Und indem er meint, diesen ‚Zustand' in den Kategorien seines Denkens erreichen zu können, verfehlt er ihn. Homers poetische Darstellung seiner Erzählsituation, die oben unter Punkt 2.2.1 zitiert wurde, lässt eine solche Unbestimmbarkeit durch ihre Vieldeutigkeit erkennen. In diesem kurzen Text Peter Handkes findet sich die ganze Ununterscheidbarkeit zwischen metaphysischer und metaphysikkritischer Intention verdichtet wieder. Der durchgehaltene Schwebezustand zwischen den Antworten und zwischen den Kategorien bezeugt meines Erachtens die literarische Qualität dieses Textes, soweit in diesem Zusammenhang überhaupt von einer Qualität gesprochen werden kann, und bestätigt Derridas Literaturtheorie, nach der jeder Text in sich unhintergehbar widersprüchlich ist. Im Offenhalten ihrer Aporie stimmen Handkes Text und Wenders' Filmschaffen mit der dekonstruktiven Philosophie Derridas überein.[136]

---

[135]   Wenders, Wim und Handke, Peter, Der Himmel über Berlin. A.a.O. S. 57.

[136]   Die Rolle der Widersprüchlichkeit in Wenders' Filmen wird in Kapitel 2.4 der vorliegenden Arbeit eingehender untersucht.

2.2.3 Zusammenfassung des Kapitels

Ich fasse zusammen, dass der Erzähler Homer in *Der Himmel über Berlin* einerseits eine utopische Erzählsituation vermisst und wenigstens in der Vergangenheit für verwirklicht hält, in der die Einheit zwischen RezipientIn und AutorIn gegeben ist. Er lässt auch eine Bevorzugung der gesprochenen Sprache vor der Schrift erkennen. Diesen deutlichen Widersprüchen zu Derrida steht seine Äußerung zur aktuellen Situation seines Erzählens gegenüber, die sowohl metaphysisch, als auch dekonstruktiv gedeutet werden kann. Insgesamt steht der hohe kommunikative Anspruch, den Homer an die Erzählung stellt, im Widerspruch zu seinem Verhalten. Gerade sein unbedingtes Festhalten an dem hohen Anspruch, der mit Derrida metaphysisch genannt werden kann, führt Homer von einer Situation weg, die er propagiert: Homer hat offensichtlich den Kontakt zu seiner Umgebung verloren. Er steht vereinsamt ,über den Dingen' und kommuniziert im ganzen Film mit keinem Menschen. Auch dem nach seinen eigenen Worten mit ihm verbundenen Motiv der Kindschaft wird er nicht gerecht, da sein Blick auf die Welt alles andere als unvoreingenommen ist. So wirkt Homer vom Leben abgeschnitten. Seine vermeintliche Selbstidentität entpuppt sich als das Ergebnis einer Flucht in eine abgeschlossene Gedankenordnung und wird damit dekonstruiert. Sie ist offenbar um den Preis des Realitätsverlusts erkauft. Natürlich hat eine solche Gedankenordnung auch positive Aspekte. Wie aus Wenders' Film ersichtlich wird, ermöglicht sie den Entwurf einer anderen als der vorgefundenen Welt. Sie schafft Distanz zum Bestehenden und kann somit Sicherheit in das oft bedrohliche Chaos der Sinneseindrücke bringen; sie ist gewissermaßen überlebensnotwendig. Mit Derrida ist dazu allerdings zu sagen, dass ein kontrollierender Eingriff in die ungeordnete Welt immer ein Akt der Gewalt ist, der einzelne Elemente aus der Vielfalt ausschließen muss. Die Kontrolle nach Maßgabe eines zum Zentrum erklärten Prinzips ermöglicht ein gewisses Maß an Kommunikation insofern, als sie versucht, ein allgemeinverständliches Begriffsfeld abzustecken. Sie beschneidet aber zugleich die Kommunikation, da sie bestimmte Bereiche von der Wahrnehmung ausschließt. Die beanspruchte Kommunikation im Sinne einer identischen Übermittlung von Wahrheit findet sich dadurch auf eine heuchlerische Binnenlogik reduziert. Wenders versucht bekanntlich, die positiven Aspekte der Vereinzelung und der Kontrolle zusammenzubringen. Weniger theoretisch als Derrida, der sich weitgehend damit begnügt, ein mögliches Zusammendenken der Gegensätze jenseits der uns gefangenhaltenden Sprachordnung anzukündigen, versucht Wenders, im praktischen Vollzug seines filmischen Erzählens, einen möglichst gerechten Kompromiss zu erreichen. Vor allem in der Barszene von *Der Himmel über Berlin* scheint Wenders allerdings der Vorstellung erlegen zu sein, dass mit der Vermittlung von Bildern und Geschichte eine wirkliche Einheit von Filmaussage und ZuschauerIn ereicht werden könnte. Der Versuch, die Abgeschlossenheit der Geschichte durch die Bilder aufzubrechen und so eine Einheit herzustellen, kann aus dekonstruktiver Sicht deshalb nicht gelingen, weil dabei die Bilder nicht als einzelne Elemente im Gegensatz zum Kontext verstanden werden, wie in Wenders' früheren Filmen, sondern ihnen die Fähigkeit zur identischen Vermittlung einer Bedeutung zugesprochen wird. Eine solche Einschätzung der Bilder erstaunt deshalb bei Wenders, weil er sonst in seinen Filmen die kommunikative Fähigkeit der Bilder und überhaupt aller Ausdrucksmittel fast durchgehend bezweifelt. Genau diese Problematisierung der Ausdrucksmittel soll im folgenden Kapitel erörtert werden. Der Gegensatz, den die Filmfiguren erleben, wenn sie sich von verschiedenen Ausdrucksmitteln eine intakte Repräsentation von Erlebnissen sowie eine funktionierende Kommunikation erhoffen und statt dessen auf die unhintergehbare Materialität dieser Medien stoßen, soll dabei aufgezeigt werden. Im darauf folgenden Kapitel wende ich mich dann stärker der Widersprüchlichkeit bei Wenders und einem aus dekonstruktiver Sicht eher erfolgversprechenden Kompromissversuch zu.

2.3 Materialität, Identität und Kommunikation. Das Scheitern authentischer Kommunikation in Wenders' Filmen

In Wim Wenders' Filmen klingt immer wieder die große Bedeutung an, die er der Kommunikation beimisst. Es scheint so, als stehe Wenders hierbei das Ideal eines unmittelbaren Austauschs von nichtmateriellen Gedanken und Gefühlen vor Augen. Auf der anderen Seite stellt gerade die gestörte Kommunikation ein durchgängiges Motiv seiner Filme dar. Die Figuren in den Filmen haben massive Probleme beim Kommunizieren, und fast nie gelingt es ihnen, sich selbst und ihre Erlebnisse einem anderen Menschen oder auch sich selbst so zu vermitteln, dass es ihnen adäquat erschiene. Die Figuren sehen sich durchweg auf die Vermittlung durch mehr oder weniger artifizielle Kommunikationsmittel angewiesen, die ihnen zum Ausdruck dessen, was sie eigentlich meinen, nicht tauglich erscheinen. So kann sich Travis in *Paris, Texas* seiner verschwundenen Frau Jane zunächst nur über einen alten Super-8-Film annähern. Später trifft er sie, aber er sieht sie dabei nur durch eine halbdurchsichtige Scheibe und spricht mit ihr mit Hilfe einer Sprechanlage. Die Distanz, die durch diese technische Vermittlung entsteht, ist Sinnbild für die tiefer reichende Unfähigkeit der beiden Partner zu wirklicher Vereinigung. Eine direkte, rein geistige Kommunikation ohne materielle Vermittlung, so impliziert Wenders, gibt es nicht, auch wenn er und seine Filmhelden sie noch so sehr vermissen. Auch im *Himmel über Berlin*, wo die Engel alle Gedanken hören können, ohne dass diese von der Stimme eines Menschen verfälscht worden wären, funktioniert keine wirkliche Kommunikation. Der Grund für dieses Versagen wird im Film in der Einseitigkeit des Kommunikationsflusses gesehen: dass nämlich die Menschen mit Ausnahme der Kinder die Engel nicht wahrnehmen können oder nicht wahrnehmen wollen.[137] Beim Betrachten des Films kommt aber eine weiterreichende Ursache in den Blick, nämlich der Umstand, dass auch die hörbaren Gedanken in Sprache vermittelt werden. Besonders dort, wo verschiedensprachige Gedanken zu hören sind, diejenigen Marions, Peter Falks oder der Lesenden in der Bibliothek, zeigt sich, wie begrenzt die Verstehbarkeit der Gedanken ist. Zwischen der gesprochenen und der gedachten Sprache lässt sich im Film kein grundsätzlicher Unterschied erkennen. Die Gedanken erscheinen ebenso materiell wie die gesprochenen Worte. Darin stimmt der Film mit der Dekonstruktion überein. Für Derrida sind Gedanken wie gesprochene Worte an die materiellen Sprachstrukturen gebunden. Sie sind wie die Schrift, die Derrida auf jede Äußerungsform ausweitet, materielle Monumente, deren ursprüngliche Bedeutung unerreichbar verloren ist, vielmehr niemals vorhanden war und die sich auch nicht anhand einer Spur auffinden lässt, weil Derridas Begriff der *Spur* keine *Spur von etwas Bestimmten* bezeichnet (vgl. Punkt 1.5 der vorliegenden Arbeit).

Eine derartige Skepsis gegenüber den Gedanken äußert sich noch stärker in *Bis ans Ende der Welt*. Auch dort wird mit der direkten Vermittlung von Gedanken keine Kommunikation möglich. Die Erfindung eines Gerätes, das innere Gedankenbilder und Träume nach außen hin sichtbar macht, wirkt sich eher isolierend und sogar lebensbedrohlich, als verbindend aus. Elisabeth ist von den subjektiven Bildern, die ihr übermittelt werden, ent-

---

[137] Wenders sagte dazu: „Denn natürlich ist der Engel eine Metapher, und unsere Metapher war eigentlich die, daß jeder seinen Engel in sich hat – ob man ihn nun hört oder nicht. Die meisten hören ihn nicht, und so sind die Engel recht frustriert auf ihrer Arbeitssuche. Der eine auf dem Europa-Center kann einen jungen Mann nicht retten, weil der auf seinem Walkman eben nur die Laurie Anderson hört - da ist nichts zu machen. Womit ich nichts gegen Walkmen sagen will... Nur manchmal gibt es kleine Erfolgserlebnisse, in dem Krankenwagen etwa, wenn der Engel seine Hand auf den Bauch einer schwangeren Frau legt - dann geht's ihr ein bißchen besser." (Künzel, Uwe, Wim Wenders. Ein Filmbuch. 3. erw. Auflage Freiburg 1989. S. 212.)

täuscht. Die Welt erscheint ihr darin kalt und unmenschlich, keineswegs spürt sie darin eine Nähe zu den Personen, die sie sieht. Claire und Sam finden sich von ihren eigenen Traumbildern von sich selbst und von einander entfremdet.

Aus den genannten Schwierigkeiten lässt sich ersehen, dass die Fähigkeit zur Kommunikation von zwei Bedingungen abhängt. Zum Einen spielt die Identität des kommunizierenden Subjekts mit sich selbst eine wichtige Rolle, also eine funktionierende Kommunikation mit sich selbst. Mit Derridas Worten ausgedrückt bedeutet das die unmittelbare Selbstpräsenz des Subjekts im Selbstbewusstsein. Zum Anderen ist die intersubjektive Vermittelbarkeit von Sinn oder von ursprünglicher Bedeutung notwendig.

Derrida hält keine der beiden Bedingungen für gegeben. Weil die menschliche Wahrnehmung immer nur innerhalb der Sprache stattfindet und die sprachliche Bedeutung wiederum nur über die Differenz funktioniert, ist weder das Bewusstsein mit sich selbst als einem präsenten Gegenstand identisch, noch kann im sprachlichen Zeichen eine ursprüngliche Bedeutung transportiert werden. Auch Kommunikation fällt für Derrida in den Bereich der erweiterten Schrift und ist nicht im Sinne identischer Übermittlung vorstellbar:

> [...] Als Schrift ist die Kommunikation, legt man Wert darauf, dieses Wort beizubehalten, nicht das Beförderungsmittel von Sinn, der Austausch von Intention und Meinen, der Diskurs und die „Kommunikation der Bewußtseine". Wir wohnen nicht einem Ende der Schrift bei, das der ideologischen Darstellung MacLuhans zufolge eine Transparenz oder eine Unmittelbarkeit der gesellschaftlichen Beziehungen wiederherstellen soll; sehr wohl aber der immer mächtigeren historischen Entfaltung einer allgemeinen Schrift, deren System des Sprechaktes, des Bewußtseins, des Sinns, der Anwesenheit, der Wahrheit und so weiter, nur ein Effekt ist und als solcher analysiert werden muß. Diesen in Frage gestellten Effekt habe ich andernorts Logozentrismus genannt. [138]

---

[138] Derrida, Jacques, Signatur Ereignis Kontext. In: Ders., Randgänge der Philosophie. A.a.O. S. 349f. Vgl. hierzu außerdem Punkt 1.1 der vorliegenden Arbeit.

Wim Wenders äußert sich ebenfalls skeptisch über die Selbstidentität wie über die Fähigkeit menschlicher Ausdrucksmittel zur Repräsentation. Andererseits hält er zumindest an der Sehnsucht nach Einheit und Kommunikation fest. Aber auch diese Sehnsucht erscheint öfter vor einem dekonstruktiven Hintergrund, der ihr die Schwere nimmt. Vor allem die idealisierten Kinder üben eine solch erleichternde Wirkung aus.

Wie wir gesehen haben, versucht Wenders aber auch, gelingende Kommunikation darzustellen. Ein Beispiel ist die Bar-Szene in *Der Himmel über Berlin*. Dort kommt es zur Vereinigung zweier mit sich selbst identischer Partner, obwohl Marion monologisch und paradox vom Einsamsein als Bedingung fürs Zusammensein spricht.[139] In dieser Szene wird sogar versucht, die KinozuschauerInnen in die Kommunikation mit einzubeziehen: durch den direkten Blickkontakt mit Marion und Damiel wie auch durch Marions Worte (vgl. Punkt 2.2.1.1 der vorliegenden Arbeit).

Der Gegensatz, der hier zwischen Derrida und Wenders deutlich wurde, dürfte auch nach weiterer Beschäftigung mit Wenders' Filmen und der Dekonstruktion bestehen bleiben. Ihm stehen aber viele Aspekte in Wenders' Filmen gegenüber, die der Dekonstruktion nur auf den ersten Blick zuwiderlaufen, aus anderer Perspektive jedoch dekonstruktive Eigenschaften erkennen lassen. Das von den Kindern verkörperte ‚Ideal' von Wenders etwa drückt gerade den unvoreingenommenen Blick auf die Welt aus, der Derridas freiem Spiel der Elemente sehr nahe kommt. Die Kindheit legt bei Wenders nicht nur ihre Deutung als ursprüngliche Einheit nahe, sondern vor allem die Deutung als Dekonstruktion einer Einheitsvorstellung (vgl. Punkt 2.2.2). Einige Punkte, an denen sich Dekonstruktion und die Filme von Wim Wenders widersprechen, werde ich am Schluss dieser Arbeit

---

[139] „Letzte Nacht träumte ich von einem Unbekannten, meinem Mann. Nur mit ihm konnte ich einsam sein, offen werden für ihn, ganz offen, ganz für ihn, ihn ganz als Ganzen in mich einlassen, ihn umschließen mit dem Labyrinth der gemeinsamen Seligkeit." (Wenders, Wim und Handke, Peter, Der Himmel über Berlin. A.a.O. S. 163.)

noch einmal erwähnen. Im folgenden Teil möchte ich Ähnlichkeiten und Übereinstimmungen hinsichtlich der gestörten Kommunikation herausarbeiten.

2.3.1 Die gestörte Identität der Filmfiguren

Es wurde bereits unter Punkt 2.1.1 angesprochen, dass Wenders' Filmfiguren keine gesicherte Selbstidentität erlangen. Sie versuchen oft, mit Hilfe von Bildern zu sich selbst in Beziehung zu treten. Das gelingt ihnen nicht, weil die Bilder niemals mit dem übereinstimmen, was sie ausdrücken wollten. Auch in Geschichten kann Identität nicht gesichert werden, da diese in der zeitlichen Veränderung nie feststeht.

Philip Winter aus *Alice in den Städten* äußert den Verlust der Beziehung zu sich selbst: „Ich bin mir selbst fremd geworden" und zu seiner Umwelt: „Mir ist Hören und Sehen vergangen."[140] Seine Ex-Freundin legt ihm den Zusammenhang zwischen beiden Verlusten dar:

> Das Hören und Sehen vergeht einem, wenn man das Gefühl von sich selbst verloren hat. Und das hast du doch schon lang verloren. Und deshalb brauchst du immer wieder Beweise. Beweise, dafür, dass es dich wirklich noch gibt. Deine Geschichten und deine Erlebnisse. [...] Und deshalb machst du auch dauernd diese Fotos. Da hast du dann was in der Hand. Wieder ein Beweis dafür, dass du es warst, der was gesehen hat. Deshalb bist du ja auch hergekommen ... damit dir einer zuhört, dir und deinen Geschichten, die du eigentlich nur dir selbst erzählst. Aber das reicht nicht, nicht auf die Dauer, mein Lieber.[141]

Sie weist in ihrem Monolog zudem darauf hin, dass sich die Verluste schon vor langer Zeit ereignet haben. Vielleicht kann das sogar im Sinne Derridas so gedeutet werden, dass sie schon von Anfang an gegeben sind. Für eine allgemeinere Bedeutung des Verlusts spricht, dass auch andere Figuren im

---

[140] Wenders, Wim, Alice in den Städten. BR Deutschland 1973.
[141] Ebd. Vgl. außerdem: Bromley, Roger, From Alice to Buena Vista. A.a.O. S. 18.

Film nicht davon verschont sind. Philips Ex-Freundin hat ebenfalls Probleme mit Beziehungen, schließlich betrifft das Scheitern ihrer Beziehung zu Philip auch sie. Sie sagt ihm: „Ich kann dir nicht helfen. [...] Ich weiß auch nicht, wie man leben soll. Mir hat's auch keiner gezeigt."[142] Lisa van Damm, der Mutter von Alice, geht es nicht besser: auch ihre Beziehung ist gescheitert. Und zugleich schafft sie es nicht, allein zu sein: Sie sucht die Nähe Philips, ohne sich ganz mit ihm vereinigen zu können. So sagt sie ihm im Hotelzimmer: „Ich kann nicht mit dir schlafen, aber ich würd' gern in *einem* Bett mit dir schlafen."[143] Philip ist für sie austauschbar, sie sucht seine Nähe nicht wegen seiner unverwechselbaren Identität, sondern weil er der einzige ist, der ihr begegnet. Kurz vor dem Abflug kehrt sie doch noch einmal zu ihrem ehemaligen Freund zurück und taucht im restlichen Film nicht mehr auf.

Die einzige, die in dem Film Kompetenz aufweist, und das in mehrfacher Hinsicht, ist das Mädchen Alice. Sie nimmt die beherrschende Position in der Beziehung zu Philip Winter ein und kehrt damit die gewöhnliche Hierarchie zwischen Kindern und Erwachsenen um. Sie verfügt über Ortskenntnis in Amsterdam, sie bestimmt die Reiseroute, und am Schluss finanziert sie sogar Philips Bahnfahrt nach München.[144] Sie weist auch erstaunliche emotionale Kompetenzen auf, indem sie besser mit sich allein und mit ihrer Umwelt zurecht kommt als ihre Mutter und als Philip. Trotz

---

142   Wenders, Wim, *Alice in den Städten.*

143   Ebd.

144   „The journey would have been redundant anyway, as Alice, in her „parental" guise, has 100 dollars left over from America which is more than enough to pay both their fares.
      The facts that, at the end, the police have traced Alice's mother and grandmother to Munich (with all its cultural significance as a symbolic centre of Nazism), and that Winter is able to accompany Alice by train to the city open up a new set of generational and gendered continuities and possibilities. Alice has provided the money for his ticket, again putting into uncertainty the precise dependency status of their relationship."
      (Bromley, Roger, From Alice to Buena Vista. A.a.O. S. 23.)

ihrer Fähigkeiten repräsentiert Alice nicht unbedingt die ersehnte Selbstidentität. Gerade durch die Umkehrung der herkömmlichen Verhältnisse stellt sie als Kind auch das gewöhnliche Konzept der Identität in Frage. Denn Kindern wird für gewöhnlich noch keine festgelegte Identität zugesprochen, und auch für Wenders zeichnen sich Kinder besonders durch ihre Offenheit aus. Indem also ein nach allen Seiten offenes Kind größere Kompetenz zu Selbstidentität und zu kommunikativer Beziehung aufweist als alle Erwachsenen, wird die mit Erwachsensein verbundene Vorstellung von Identität dekonstruiert. Außerdem gibt Alice mit ihren Bemerkungen Philips Versuche, seine Identität mit Bildern und Geschichten zu sichern, der Lächerlichkeit preis: „Du krickelst ja doch bloß in deinem Heft". Und wenn wir Alices Verhältnis zu ihrer Mutter mit Freuds Realitätsprinzip oder mit Lacans symbolischer Ordnung vergleichen, so wird deutlich, dass Alice nicht Identität repräsentiert, sondern Differenz. Die laut Freud und Lacan im Kindesalter ersehnte Einheit mit sich selbst und der Mutter trifft auf Alice nicht zu. Ihre Mutter ist die meiste Zeit des Films abwesend. Vielmehr arrangiert sich Alice mit dieser Abwesenheit und erinnert damit an die in Freuds Realitätsprinzip ausgedrückte Aufschiebung der Lusterfüllung und an die Differenz, die nach Lacan das Funktionieren der symbolischen Ordnung bestimmt, in der Identität immer bereits durch ein differentielles Symbol ersetzt ist.[145]

Ähnliche Identitäts- und Beziehungsprobleme wie Philip und Lisa zeigen auch Robert und Bruno in *Im Lauf der Zeit*. Dort antwortet Robert auf die Frage Brunos, warum er denn nicht zu seiner Frau zurückkehre, wenn sie

---

[145]   Lacan, Jacques, Das Seminar von Jacques Lacan, Buch I(1952-1954): Freuds technische Schriften. Übers. v. Werner Hamacher, Nach dem v. Jacques-Alain Miller hergestellten französischen Text in deutscher Sprache hg. v. Norbert Haas. Olten u. Freiburg 1978.
Siehe hierzu: Renner, Rolf Günter, Die postmoderne Konstellation. A.a.O. S. 251-256.

ihm so sehr fehlt: „Ich bin nicht mehr ich selbst, wenn ich mit ihr zusammen bin."[146]

Bruno führt seine Probleme mit Frauen darauf zurück, dass er nicht zu einer persönlichen Beziehung gefunden hat, sondern nur eine allgemeine nicht identifizierbare Sehnsucht nach irgendeiner Frau verspürt:

> Ich hab' eine große Sehnsucht nach einer Frau. Nach überhaupt einer Frau. Jede Frau macht mich sehnsüchtig. Und ich glaube, dass das allen Männern so geht. Und weil ich das weiß, weil ich nicht mehr so tun kann, als wüsst' ich es nicht, will ich mich nicht mehr auf eine Frau einlassen. Ich wüsste, sie könnte auch eine andere sein, als die, die sie ist.[147]

2.3.2 Die Probleme der Filmfiguren mit dem Sprechen

Die Figuren in Wenders' Filmen tun sich schwer mit dem Sprechen. In extremer Form ist dieses Problem in Travis' Schweigen während der ersten Hälfte von *Paris, Texas* dargestellt. Insgesamt zeichnen sich vor allem die früheren Filme von Wenders, bis zu *Der Himmel über Berlin*, dadurch aus, dass relativ wenig gesprochen wird, und wenn doch, dann ist im Sprechen oft die Problematik thematisiert, dass das Gesprochene den Anspruch auf identische Mitteilung des Gedachten nicht erfüllt.

Der Film *Summer in the City* stellt die Unfähigkeit der jungen Generation am Ende der 1960er Jahre zu funktionierender Kommunikation dar:

> Obwohl es [in *Summer in the City*] lange Passagen gibt, in denen jemand redet (meist ist es Hans), ist er im Grunde ein Film des Schweigens, das jedoch kein Einverständnis, kein Einssein mit sich und den anderen bedeutet – es lohnt sich nicht mehr. Niemand im Film ist tatsächlich interessiert oder

---

[146] Wenders, Wim, *Im Lauf der Zeit*.

[147] Ebd.

gar fähig, mit dem anderen zu reden. Jeder ist in einen Kokon aus Verloren-
heit und Leere eingesponnen.[148]

Dass sich dieses Phänomen nicht auf die dargestellte Generation be-
schränkt, sondern allgemeiner in der Eigenart der gesprochenen Sprache
begründet ist, legt ein sprachlicher Distanzierungseffekt nahe: Hans wiederholt jeden Satz noch einmal in indirekter Rede im Off. Auch wenn dieser Effekt von Wenders nicht von vorn herein geplant war, sondern sich aus
der Notlage entwickelte, dass sich der Ton nach den Dreharbeiten als
schwer verständlich erwies,[149] wird dadurch eine Distanz zwischen dem
Gesagten und dem, was damit einmal ausgedrückt werden sollte, aufge-
baut. Die Sätze wirken somit weniger wie unmittelbare Ausdrücke eines
mit sich selbst identischen Sprechers, als vielmehr wie selbstständige Gebilde, die reproduzier- und manipulierbar sind.

An einer Stelle des Films wird durch die Musik der Kinks die Distanz zwischen inneren Vorstellungen und den sprachlichen Worten explizit: „There is too much on my mind and there is nothing I can say".

Die Musik spielt für Wenders eine besondere Rolle. Er zieht sie oft der gesprochenen Sprache vor, weil sie eine Form von Sprache darstelle, die ohne
feste Bedeutung auskommt:

> Sie ist "communication, but not on the level of meaning". Sie ersetzt einma-
> lige Äußerungen durch reproduzierbare, individuelle Kommunikation durch
> soziale, Spontanes durch Artifizielles – und gleicht darin der Reprodukti-
> onsmaschinerie des Kinos.[150]

Dass auch die häufige Verbindung von Musik mit einem Text eine sol-
chermaßen gelobte bedeutungsfreie Kommunikation stören kann, zeigt ein

---

148   Kolditz, Stefan, Kommentierte Filmografie. In: Jansen, Peter W. und Schütte,
       Wolfgang (Hg.), Wim Wenders. A.a.O. S. 118.
149   Vgl. ebd.
150   Visarius, Karsten, Das Versagen der Sprache. A.a.O. S. 44. Das darin enthaltene
       Zitat stammt von Wim Wenders. Zitiert nach: Geist, Kathe, The Cinema of Wim
       Wenders. Ann Arbor, MI / London 1988. S. 12.

Beispiel aus *Im Lauf der Zeit*, das die Melodie eines Liedes von der Bedeu-
tung seines Textes ablöst: In der verlassenen Grenzhütte erzählt Bruno,
dass er einmal, während er sich mit einer Frau stritt, die Melodie eines Liedes gesummt habe. Der Text des Liedes sei ihm erst nachher eingefallen:
„I've got a woman, mean as she can be". Dass dieser Text im genannten
Kontext eine sehr brisante Bedeutung erhält, war Bruno im entscheidenden
Moment nicht bewusst. Er hat lediglich die Materialität des Liedes, seinen
Klang, beachtet, während die Frau aus der Textbedeutung Konsequenzen
ziehen musste.

Ein Beispiel dafür, dass auch Gedanken keine direkten Ausdrücke eines
immateriellen Wesenskerns sind, sondern ebenfalls an die materiellen und
differentiellen Strukturen der Sprache gebunden sind, stellt die Szene aus
Der Himmel über Berlin dar, in der Damiel kurz nach seiner Menschwerdung die Welt zum ersten Mal endgültig in Farbe sieht. Er hat Schwierigkeiten, die konkreten Eindrücke den Farbwörtern zuzuordnen und muss
einen Passanten fragen, welche Farbe einzelne Figuren an der Berliner
Mauer haben. Damit wird deutlich, dass zwischen Farbeindruck und dem
bezeichnenden Wort kein qualitativer Zusammenhang besteht, und dass
auch das Sprechen und Denken über Farben immer mit arbiträren Zeichen
verbunden ist. Auch die Gedanken der Engel in *Der Himmel über Berlin*
erscheinen als sprachgebunden und damit materiell, wie bereits oben unter
Punkt 2.3.1 dargelegt wurde.

In *Im Lauf der Zeit* bringt Robert sein Denken deutlich mit dem materiellen
Akt des Schreibens in Verbindung. Im Vergleich mit zwei verschiedenen
Tinten beschreibt Robert, wie er sich eine Änderung seiner schweren Situation vorstellt. Dabei beschreibt er das Denken nicht als immaterielle Kraft,
die zuerst die materiellen Strukturen beherrschen muss, um eine Veränderung einzuleiten. Vielmehr kann sich das Denken nur durch zuvor veränderte Strukturen wandeln. Nicht das Denken beherrscht die Tinte, sondern
die Art der Tinte bestimmt das Denken, Sehen und Schreiben:

> Es gab eine Tinte, mit der man die alte Schrift auslöschen und im selben Zug etwas Neues schreiben konnte. Ich musste immer wieder das Selbe denken und niederschreiben, selbst wenn ich zwischendurch aus dem Traum aufgewacht war. Abstrakte Wiederholungen, Abläufe, Wege, die ich gleichzeitig erlebte und aufzeichnete. Das heißt: das Träumen war ein Schreiben, im Kreis. Bis ich im Traum auf die Idee kam, eine andere Tinte einzuführen. Mit der neuen Tinte konnte ich auf einmal etwas Neues denken und sehen und schreiben.[151]

Für Roberts Vater besteht offenbar kein Unterschied zwischen Sprechen und Schreiben, genauer sogar zwischen Sprechen und Drucken. Auf Roberts Warnung „Wenn du anfängst zu reden, geh' ich gleich wieder" reagiert er reflexhaft, indem er das Papier aus seiner Schreibmaschine zieht. Die schriftliche Ausdrucksweise seines Vaters bewertet Robert negativ. Er sagt ihm in vorwurfsvollem Tonfall:

> Weißt du, dass ich in der ganzen Zeit, die ich jetzt weg bin – 10 Jahre – immer wieder, wenn ich über etwas nachdenke, oder über etwas rede, die Vorstellung habe, es sofort gedruckt zu sehen, dass du es gleich in Druck setzt?[152]

Roberts weiterer Vorwurf, dass sein Vater ihm nie zugehört, sondern immer nur selbst geredet und sofort alles gedruckt habe, deutet darauf hin, dass Wenders das kommunikative Fehlverhalten des Vaters mit dessen Nähe zur Schrift begründet. Die Schrift erscheint somit als problematisch, weil sie keinen unmittelbaren kommunikativen Austausch ermöglicht. Fraglich ist, ob diese Problematisierung auch eine Abwertung der Schrift gegenüber der gesprochenen Sprache einschließt und ob demnach der Vater, würde er nur in gesprochenen Worten reden, größere kommunikative Kompetenz besäße. Die oben angeführten Beispiele zeigen, dass Wenders genauso wie die geschriebene auch die gesprochene Sprache in kommunikativer Hinsicht problematisiert. Außerdem arbeitet Robert selbst beruflich

---

[151] Wenders, Wim, *Im Lauf der Zeit*.
[152] Ebd.

mit Schrift[153] und bedient sich trotz seiner Kritik im weiteren Verlauf des Films selbst der Druckmaschine, um dem Vater etwas mitzuteilen. Wenn sich die beiden schließlich trennen, wirken sie versöhnt. Einen wirklich fundamentalen Unterschied zwischen gedruckter Schrift und gesprochener Sprache dürfte es also auch für Wenders, ähnlich wie für Derrida, nicht geben.[154]

2.3.3 Artifizielle Vermitteltheit in den Kommunikationsversuchen

Das Scheitern der Kommunikationsversuche führt Wenders in seinen Filmen mehrfach sehr anschaulich auf die Abhängigkeit von materiellen Kommunikations- oder Reproduktionsmitteln zurück. Schon die gesprochenen Worte und selbst die Gedanken, die ja in Sprache gebildet sind, stellen, wie wir sowohl aus Derridas Sprach- und Zeichentheorie, als auch teilweise aus Wenders' Filmen ersehen konnten, materielle Gebilde dar. Sie sind grundsätzlich nicht originär, sondern wiederholbar, reproduzierbar (vgl. die Punkte 1.4 und 2.3.1 der vorliegenden Arbeit). Wenders bietet in vielen seiner Filme über die Problematisierung der gesprochenen Sprache hinaus bildhafte Vergleiche, die die Gebundenheit an materielle Mittel als Grund für die Kommunikationsunfähigkeit der Filmfiguren nahezu plakativ vor Augen führen. Es handelt sich dabei um Szenen, in denen technische Reproduktionsapparate die Stelle eines menschlichen Kommunikationspartners einnehmen. Ein Beispiel hierfür stellt Karsten Visarius heraus:

> Emblematisch zitiert *Der amerikanische Freund* das Plattenlabel der britischen EMI-Electrola, den einem Grammophon lauschenden Hund, der die

---

153 Da Robert in seiner Arbeit Schrift mit Kindern in Verbindung bringt, die in den Buchstaben eine vom gewöhnlichen Kontext gelöste Bedeutung konstruieren, ist anzunehmen, dass Wenders gerade diesen arbiträren Aspekt der Schrift auch positiv beurteilt. Denn der unvoreingenommene Blick der Kinder ist für ihn bekanntlich ein großes Ideal.

154 Zu Derridas Schriftbegriff siehe Punkt 1.4 der vorliegenden Arbeit.

Devise des Musik-Konzerns verbildlicht: His master's voice. Das Schöne daran ist, daß gar kein „master" da ist – nur ein Apparat.[155]

Ein Plattenspieler in *Im Lauf der Zeit* bietet den beiden Protagonisten eine der wenigen Gelegenheiten, einander näher zu kommen: „Nie sind sich Robert und Bruno [...] näher, als wenn einer von ihnen eine Platte in den Plattenspieler schiebt und sie in der gemeinsamen Identifikation mit einem imaginären Objekt versinken."[156] *Der Himmel über Berlin* entlarvt in einer dramatischen Steigerung besonders eindrücklich die vermeintlich unmittelbare Musik von Nick Cave als artifizielle und routinierte Reproduktion. Marion hört in ihrem Wohnwagen eine Nick-Cave-Platte. Das Lied „The Carny" passt von der Musik bis zum Text auffallend gut zu ihrer Stimmung und ihren hörbaren Gedanken. Sie lässt sich von dem Lied mitziehen und singt mit. Gegen Ende des Films besuchen Marion und Damiel ein Nick-Cave-Konzert, bei dem der Musiker das selbe Lied, das Marion vorher gehört hat, live singt. Jetzt könnte natürlich angenommen werden, dass im Konzertsaal gelingende Kommunikation zu Stande kommt, in dem Sinne, dass das, was der Sänger Nick Cave mit seinem Lied ausdrücken will, bei Marion nahezu ohne Verlust ankommt. Statt dessen offenbaren die hörbaren Gedanken von Nick Cave, dass dieser während des Konzerts an ganz andere Sachen denkt und seine Mitteilungsfreude nur vortäuscht.[157] Sein Auftritt stellt keineswegs einen originären und nicht wiederholbaren Ausdruck seines inneren Wesens dar, sondern im Gegenteil eine häufig wiederholte professionelle Inszenierung.

In die Reihe der Beispiele für den Störfaktor Technik beim Kommunizieren passt auch die schon erwähnte Sequenz in *Paris, Texas*, in der Travis mit

---

[155] Visarius, Karsten, Das Versagen der Sprache. A.a.O. S. 43.

[156] Ebd. S. 44.

[157] Seine Gedanken stehen seinen Worten diametral entgegen: „GEDANKENSTIMME NICK CAVE: One more song and it's over. But I'm not gonna tell you about a girl, I am not gonna tell you about a girl ...
NICK CAVE: I'm gonna tell you about a girl."
(Wenders, Wim und Handke, Peter, Der Himmel über Berlin. A.a.O. S. 155.)

Jane redet. Die Sprechanlage und die halbdurchsichtige Scheibe bewahren Distanz zwischen den sich so nah wie im Film nie zuvor scheinenden Gesprächspartnern. Am Ende des Gesprächs deutet sich aber doch die Überwindbarkeit des Hindernisses an, wenn Jane direkt an die Scheibe rückt und Travis sich ihr mit Hilfe einer Lampe zeigen kann.

Ein bei Wenders sehr oft verwendetes Motiv ist das der visuellen Reproduktion. In fast jedem seiner Filme sind Fotos, Fernsehen, Film oder Kino thematisiert und spielen eine wichtige Rolle. Auch diesen Medien begegnet Wenders, obwohl gerade sie ihm besonders am Herzen liegen – das zeigt etwa seine bereits dargelegte Vorliebe für Bilder,[158] meistens mit großer Skepsis. Philip Winter aus *Alice in den Städten* versucht, mit einer Sofortbildkamera seine Reise durch Amerika abzubilden, um seine Erlebnisse schließlich in einer Reportage auszudrücken. Es gelingt ihm jedoch nicht, da sich die Fotos nicht zur Repräsentation seiner Erlebnisse eignen. Beim Betrachten eines seiner Fotos sagt Winter: „Es ist doch nie das drauf, was man gesehen hat."[159] Auch seine spezifische Weltsicht und seine verlorene Identität geben ihm die Fotos nicht zurück, sondern sie zerstreuen im Gegenteil seine Wahrnehmung noch mehr.[160] Auch in *Alice in den Städten* scheint später, im Anschluss an die gescheiterten Repräsentationsversuche,

---

158 Vgl. Kapitel 2.1 der vorliegenden Arbeit.

159 Wenders, Wim, *Alice in den Städten.*
   Später im Film erzählt Winter seiner Ex-Freundin in New York: „Während des Wartens darauf, dass sich das Bild entwickelt, hat mich oft eine seltsame Unruhe erfüllt. Ich hab's kaum noch abwarten können, das fertige Bild mit der Wirklichkeit zu vergleichen. Aber auch dieses Vergleichen hat meine Unruhe nie dämpfen können, weil diese stehenden Bilder immer wieder von der Wirklichkeit eingeholt und überholt worden sind, hab' ich nur noch besessener fotografiert." (ebd.)
   Vgl. außerdem: Bromley, Roger, From Alice to Buena Vista. A.a.O. S. 17.

160 „Die Bilder sollen ihn zu sich selbst führen und lenken ihn zugleich ab. [...] Philip läuft Gefahr, sich in der Endlosigkeit dieser Selbst-Repräsentationen zu verlieren. Aus ihnen ist die Sicherheit einer definitiven Identität nicht zu gewinnen." (Visarius, Karsten, Das Versagen der Sprache. A.a.O. S. 48.)

eine funktionierende Repräsentation zustande zu kommen: Wie Karsten Visarius darlegt, bekommt Philip bezeichnenderweise von einem Kind, nämlich von Alice, ein Foto von sich selbst geschenkt mit den Worten „damit du wenigstens weißt, wie du aussiehst."[161] Und im Ruhrgebiet stellt Philip zunächst erstaunt fest, dass das Foto, das das Haus von Alices Großmutter zeigt, tatsächlich mit der Realität übereinstimmt: „'Das gibt's doch nicht', sagt der Skeptiker Philip: daß es das gibt, was man auf einem Bild sieht."[162] Kurz darauf muss die vermeintliche Erfüllung allerdings revidiert werden, denn das gefundene Haus ist nicht mehr das Haus der Großmutter. Insofern kann nur noch unter großen Einschränkungen gesagt werden, dass es sich bei dem Haus um den gesuchten Inhalt des Fotos handelt, oder, auf die Sprache der Semiologie übertragen: um sein Signifikat. Das Haus stellt vielmehr einen weiteren Signifikanten dar, dessen Inhalt die Großmutter sein soll. Und die Kette lässt sich noch erweitern: Selbst die Großmutter wäre noch nicht das letzte Ziel der Suche, denn es geht darum, über den Umweg der Großmutter zu Alices Mutter zu gelangen. Diese bleibt aber für die gesamte weitere Reise abwesend.[163] So verstanden bildet die Suche nach dem Haus der Großmutter eine Metapher für Derridas Zei-

---

161 Ebd. S. 48f. Das Zitat stammt aus *Alice in den Städten*.

162 Ebd. S. 49. Das darin enthaltene Zitat stammt aus *Alice in den Städten*.

163 Gerade die Abwesenheit der Mutter ist ja, wie Roger Bromley darlegt, ein wichtiges Motiv des Films, das unter Anderem die Rollenverteilung im Verhältnis zwischen Philip und Alice bestimmt: Philip sieht sich immer mehr in die Rolle des Ersatzvaters gedrängt, während Alice vielfach die traditionelle Erwachsenenrolle übernimmt, indem sie Philip durch Amsterdam und das Ruhrgebiet führt:
„The film explores the theme of the lost, or absent, mother and it is some time before Winter accepts his position as surrogate father." (Bromley, Roger, From Alice to Buena Vista. A.a.O. S. 20.)
Zur Umkehrung der traditionellen Rollenverteilung sowie zur Abwesenheit von Alices Mutter vgl. außerdem Punkt 2.3.1 der vorliegenden Arbeit.

chentheorie.[164] Und die Repräsentation des Hauses auf dem Foto kann gewiss nicht als vollkommen bezeichnet werden. Ebenso wenig übrigens wie die Repräsentation Philips durch das ihm von Alice geschenkte Foto. Alice schränkt diese ja selbst ein, wenn sie mit den Worten „damit du wenigstens weißt, wie du aussiehst" andeutet, dass sich das Foto nur auf Philips Aussehen und nicht etwa auf sein Wesen als Ganzes bezieht.

Ebenfalls in *Alice in den Städten* thematisiert Wenders das Fernsehen. Auf seiner Reise durch die USA zerstört Philip Winter einen Fernseher im Hotelzimmer. Später erzählt er seiner Ex-Freundin davon mit den Worten:

> Ich [...] hab' diesem angeberischen Radio zugehört, und am Abend im Hotel, das genauso aussah, wie das am Abend zuvor, hab' ich mir dieses unmenschliche Fernsehen angesehen. Mir ist Hören und Sehen vergangen.[165]

Lisa, der Mutter von Alice, liest er beim Fernsehen folgende Notizen vor:

> Das Unmenschliche an diesem Fernsehen ist gar nicht, dass es alles zerstükkelt und mit Werbung unterbricht, obwohl das schlimm genug ist. Viel schlimmer ist, dass alles, was da gesendet wird, auf die Dauer selbst zur Reklame wird und zu einer Werbung für die bestehenden Zustände. Alle Bilder, die da gesendet werden, pegeln sich irgendwie ein auf eine gemeinsame widerliche Ausstrahlung, eine Art von angeberische Verachtung. Kein Bild lässt einen in Ruhe. Alle wollen etwas.[166]

Die Fernsehbilder sind demnach manipuliert, sie vermitteln keine Wahrheit.

Wenders selbst sagte über das Fernsehen in einem Vortrag:

> Das Fernsehen schuf Nähe und gleichzeitig schuf es Distanz. Seine Bilder waren kälter, weniger emotional als die des Kinos; und es trug uns weiter fort von der Idee, ein Bild besäße eine direkte Verbindung zur „Realität".

---

164   Zu Derridas Kritik an der Unterscheidung zwischen Signifikant und Signifikat sowie seiner Vorstellung einer endlosen Kette von Signifikanten siehe Punkt 1.1 der vorliegenden Arbeit.

165   Wenders, Wim, *Alice in den Städten.*

166   Ebd.

[...]es benötigte sehr viel mehr Technik, um die Entfremdung zwischen der „Realität" und dem Zuschauer daheim vor dem Fernseher zu überbrücken. Außerdem isolierte es den Betrachter: Man mußte nicht mehr aus dem Haus gehen und in einer Schlange stehen und inmitten Fremder sitzen, um eine gemeinsame Erfahrung zu machen.[167]

Eine kurze Szene aus *Der Himmel über Berlin* lässt Wenders' Skepsis gegenüber dem Fernsehen als Mittel zur identischen Repräsentation erkennen: Peter Falk sieht sich in dieser Szene selbst im Fernsehen. Er scheint sich selbst gegenüberzustehen, sieht aber in Wirklichkeit nur sein Bild. Hier klingt Lacans Konzept des „Spiegelstadiums" an, eine Entwicklungsstufe, in der sich das Kind fälschlicherweise mit seinem Spiegelbild identifiziert.[168] Die Differenz zwischen dem Bild und seinem Inhalt wird dadurch verdeutlicht, dass der Inhalt, nämlich Peter Falk, in direktem Kontrast zum Bild steht. Der begrenzte Bildausschnitt des Fernsehers, die Evidenz der technischen Vermitteltheit durch den Apparat sowie die sachlichen Fragen des Interviewers schaffen Distanz zwischen Falk und der Fernsehsendung.[169] Auch in diesem Beispiel ist kein ursprüngliches Signifikat des artifiziellen Bildes auffindbar: Peter Falks Ursprung erweist sich im Kontext des Films als uneinholbar abwesend. In mehreren Stufen laufen Versuche, Falk eine klare Identität zuzuordnen ins Leere. Peter Falk repräsentiert auch für die Menschen, die ihm außerhalb des Fernsehers begegnen, nicht sich selbst, sondern die Figur einer Fernsehserie. Passanten ,erkennen' in ihm zunächst den Fernseh-Inspektor Columbo. Sie sind dann zwar verunsichert, weil sein Mantel und der Ort, an dem sie ihn treffen, ihrem Bild zuwider-

---

167 Wenders, Wim, The Urban Landscape. A.a.O. S. 118.

168 Lacan, Jacques, Schriften I. Ausgewählt und hg. v. Norbert Haas. Übers. v. Rodolphe Gasché, Norbert Haas, Klaus Laermann u. Peter Stehlin unter Mitwirkung v. Chantal Creusot. Weinheim, Berlin 1986 (=Das Werk von Jacques Lacan. In deutscher Sprache hg. v. Norbert Haas und Hans-Joachim Metzger). Siehe hierzu: Renner, Rolf Günter, Die postmoderne Konstellation. A.a.O. S. 248-251.

169 Wenders, Wim und Handke, Peter, Der Himmel über Berlin. A.a.O. S. 94.

115

laufen.[170] Sowohl der Mantel als auch der Grund seines Aufenthaltes in Berlin verweisen aber keineswegs auf Falks wahre Identität, sondern auf eine weitere Rolle in einem Film (der Mantel ist ein Requisit). Und zuletzt bleibt auch Falks Ursprung als Privatperson unzugänglich, wenn sich herausstellt, dass er ein ehemaliger Engel ist und als solcher schon, menschlich nicht nachvollziehbar, vor der menschlichen Geschichte existierte. Die historische Spurensuche bleibt also insofern erfolglos, als sie an keinem Ursprung ankommt, sondern immer nur auf eine weitere Spur stößt. Die Annahme eines in der Vergangenheit anwesenden Ursprungs wird damit ebenso wie die Vorstellung identischer Repräsentation dekonstruiert, in auffälliger Analogie zu Derridas Spur-Begriff und seiner Zeichentheorie (vgl. die Punkte 1.1 bzw. 1.5 der vorliegenden Arbeit).

Auch das Medium Film, das für den Filmemacher Wenders natürlich besonders bedeutend ist, entgeht nicht dem misstrauischen Blick. Oft thematisiert Wenders in einem Film im Film die kommunikative Unzulänglichkeit dieses Mediums.

In *Paris, Texas* erkennt Hunter, dass der Super-8-Film, auf dem seine verschwundene Mutter zu sehen ist, die Mutter nicht wirklich (re)präsentiert, sondern nur Bildmaterial darstellt.

In *Der Stand der Dinge* verdeutlicht ein Schwenk vom intradiegetischen Bild eines Films im Film hinüber zum Akt des Filmens die doppelte Distanz zwischen dem Denotat und dem Bild einerseits sowie zwischen dem Bild und den Zuschauerinnen und Zuschauer andererseits.[171] Diese dop-

---

[170] „TRUPP VON JUGENDLICHEN ARBEITERN:
– Heh, wat denn, is det Colombo, äh?
– Nee, Glaub' ich nicht.
– Nee, doch nich' in dem schäbigen Mantel!
– Ja, stimmt!
– Der rennt doch hier nicht durch die Pampe, bist du verrückt?"
(Wenders, Wim und Handke, Peter, Der Himmel über Berlin. A.a.O. S. 121.)

[171] Vgl. Visarius, Karsten, Das Versagen der Sprache. A.a.O. S. 63.

pelte Differenz thematisiert Wenders auch im neueren Film *Lisbon Story*, auch wenn er sie dort deutlich positiver bewertet.

Im Lauf der Zeit stellt das Kino als aussterbende, menschenverlassene Einrichtung dar, deren Filme nur noch profitorientierte Machwerke ohne auch nur den Anspruch einer Aussage sind. Am Ende des Films expliziert dies eine alte Kinobetreiberin:

> „Der Film ist die Kunst des Sehens" hat mir mein Vater gesagt. Deshalb kann ich diese Filme nicht zeigen, die nur noch Ausbeutung sind von allem, was man in den Augen und in den Köpfen der Menschen überhaupt noch ausbeuten kann. [...]so wie es jetzt ist, ist es besser, es gibt kein Kino mehr, als dass es ein Kino gibt, so wie es jetzt ist.[172]

Besonders treten die Schwächen einer derartigen Filmindustrie, aber auch des Mediums Film allgemein, in jener Szene hervor, in der Bruno Sequenzen aus einem Erotikfilm zu einer Endlosschleife zusammenschneidet. Er tut dies so, dass die Sequenzen keine zusammenhängende Aussage mehr enthalten, oder dass sie den von vorn herein gegebenen Mangel an Aussage überdeutlich erkennen lassen. Dieses Neu-Zusammenfügen der Endlosschleife aus dem Kontext verbildlicht die Manipulierbarkeit und die Wiederholbarkeit des Mediums Film. Über den Film kommt Bruno mit Pauline, der Kassiererin des Kinos, in Kontakt. Aber wie die kontextlosen Bildsequenzen bleiben auch Pauline und Bruno allein. Es entsteht keine gemeinsame Geschichte und keine Kommunikation im Sinne einer identischen Übermittlung innerer Aussagen.

2.3.4   Zusammenfassung des Kapitels

In den verschiedensten Bereichen der Kommunikation lassen Wenders' Filmfiguren also die Unmöglichkeit direkter Übermittlung von Bedeutung wie auch die Unerreichbarkeit einer festen Selbstidentität erkennen. Von

---

[172]   Wenders, Wim, *Im Lauf der Zeit.*

elektronischen Kommunikationsmitteln über die geschriebene und gesprochene Sprache bis hin zum Denken erscheint jede Form des Ausdrucks als materiell bedingt, missverständlich, manipulier- und reproduzierbar. Das Fernsehbild und die Fotos sind für den Journalisten Philip Winter nicht weiter von einem ursprünglichen Signifikat entfernt, als etwa die Buchstaben für den Sprachwissenschaftler Robert, die gesprochenen und gesungenen Worte Nick Caves für Marion oder die Gedankenbilder für Elisabeth in *Bis ans Ende der Welt*. Mehrfach stößt die Suche nach einem letzten Signifikat oder einem ursprünglichen Wesenskern nur auf eine unendliche Kette weiterer Verweise oder Signifikanten, wie etwa bei der unergründlichen Figur Peter Falk in *Der Himmel über Berlin*. Diese Beobachtungen rufen in vielfacher Hinsicht die Literatur- und Zeichentheorie Derridas in Erinnerung. Besonders offensichtlich ist die Übereinstimmung der genannten Kommunikationsmittel mit Derridas erweitertem Schriftbegriff. Die Nichtidentität der ‚Ausdrücke' verweist auf die Differenz, die für Derrida die Bedeutung der Sprachzeichen hervorruft. Die Signifikantenkette, die Derrida an die Stelle eines transzendentalen Signifikats setzt, wird in der vergeblichen Suche nach dem Denotat eines Fotos oder nach der Identität einer Figur ebenso nachvollziehbar wie der dekonstruktive Begriff der Spur.

Im nun folgenden Kapitel, das diese Untersuchung zu Wim Wenders und der Dekonstruktion abschließen wird, greife ich eine Thematik auf, die bereits die vorangegangenen Kapitel deutlich ‚beherrscht' hat. Es handelt sich um die Widersprüchlichkeit.

2.4 Widersprüchlichkeit und deren Bejahung

2.4.1 Die Widersprüchlichkeit in Wenders' Filmen

Wir haben gesehen, welche gegensätzliche Spannung Wenders' filmerische Tätigkeit, sowohl ihre Motivation, als auch ihre Ergebnisse, kennzeichnet. Einerseits sehnt sich Wenders nach Identität und nach deren Sicherung und Mitteilung in der authentischen Repräsentation. Andererseits steht er gerade der Möglichkeit einer solchen Repräsentation, von der mündlichen Kommunikation bis hin zu den modernen Reproduktionstechniken von Film und Fernsehen, sehr skeptisch gegenüber. Er verdeutlicht die denotative Unbrauchbarkeit gerade jener Medien, derer er sich in seiner Arbeit leidenschaftlich bedient, vor allem sind dies Bilder und Film. Als Konsequenz dieser aporetischen Situation gibt er aber weder das Filmemachen auf oder betätigt sich nur noch destruktiv, noch flieht er in eine unkritische Idylle oder in einen Totalitarismus. Wenders scheint sich der widersprüchlichen Spannung bewusst auszusetzen, wenn er weiterhin Filme macht. In seinen Filmen ist diese Spannung manchmal als sehnsuchtsvolle Trauer zu spüren, etwa wenn Bruno und Robert in *Im Lauf der Zeit* keine Erfüllung ihrer Sehnsucht nach Nähe finden oder wenn für Travis und Jane in *Paris, Texas* keine neue Beziehung möglich wird. Manchmal wird aber gerade die Spannung euphorisch bejaht, wenn der Engel Damiel in *Der Himmel über Berlin* paradoxerweise die Schönheiten und die Widrigkeiten des menschlichen Lebens gleichermaßen anpreist. Unter den neueren Filmen thematisiert besonders *Lisbon Story* die unhintergehbare Widersprüchlichkeit des menschlichen Daseins („Wir leben tatsächlich ... im beständigen Zweifel, und dazwischen leben wir mit beiden Beinen auf der Erde, essen, genießen

das Leben"[173]) und plädiert mit Philip Winters Liebe zur Stadt und ihren
BewohnerInnen für eine optimistische Sicht. Insgesamt sind Wenders' Filme, auch die älteren, nicht von Verzweiflung bestimmt, sondern von einem
positiven Blick auf die Welt. Auch *Im Lauf der Zeit* endet nicht in düsterer
Verzweiflung. Bei beiden Protagonisten ist im Lauf ihrer Auseinandersetzung sowohl ein gewisses Maß an Versöhnung mit ihrer jeweiligen Situation zu erkennen, als auch eine Hoffnung auf Besserung: Robert verlässt
Bruno mit den geschriebenen Worten "Es muss alles anders werden" und
begegnet am Bahnhof bezeichnenderweise einem Kind, das einzelne Dinge, die es sieht, in ein Heft schreibt, ohne dabei eine bestimmte Bedeutung
zu beabsichtigen. Das Heft tauscht er gegen seinen Koffer, den er während
der ganzen Reise bei sich hatte und der als Symbol seiner Verhaftetheit mit
seiner mit Bedeutung belasteten Geschichte verstanden werden kann.[174] Zu
dem schreibenden Kind sagt Robert erstaunt: „So einfach ist das?" In *Paris, Texas* stellt die Annäherung von Travis und Jane eine Versöhnung mit
der gegenwärtigen unvollkommenen Situation dar. Einen besonders positiven Akzent der Verbindung von Jane und Travis, der ihre faktische Tren-
nung transzendiert, setzt auch hier ein Kind, Hunter. Beide Filme, *Im Lauf
der Zeit* und *Paris, Texas*, haben ein offenes Ende. Die Spannung, Unge-
wissheit aber auch die Hoffnung auf Veränderung bleiben über ihren Handlungsverlauf hinaus bestehen. Nicht zuletzt ist in diesem Zusammenhang
noch einmal Wenders' Ideal der Kindschaft hervorzuheben. Aus den eben
genannten Filmbeispielen ist ja ersichtlich, welche Erleichterung die Kinder bei Wenders bewirken. Für sie sind die Widersprüche der Welt vollkommen normal, und anstatt sich an ihnen zu stören, gehen sie mit ihnen
mit spielerischer Leichtigkeit um.

Wim Wenders versteht es also, trotz aller unauflöslichen Widersprüche und
Widrigkeiten einen positiven oder mit seinen eigenen Worten „liebevollen"

---

173   Aus dem Monolog eines Lissabonner Mannes in: Wenders, Wim, *Lisbon Story*.
          Vgl. hierzu Kap. 2.1.1 der vorliegenden Arbeit.
174   Vgl. Visarius, Karsten, Das Versagen der Sprache. A.a.O. S. 47f.

Blick auf die Welt zu werfen.[175] Wenders' „liebevoller Blick" und natürlich auch der unvoreingenommene Blick seines Kindheitsideals sind in diesem Kontext durchaus mit Derridas „fröhliche[r] Bejahung des Spiels der Welt und der Unschuld der Zukunft, [...][der] Bejahung einer Welt aus Zeichen ohne Fehl, ohne Wahrheit, ohne Ursprung, die einer tätigen Deutung offen ist"[176] vergleichbar.

Im Folgenden möchte ich darstellen, wie *Der Himmel über Berlin* Widersprüchlichkeit expliziert und bejaht, ohne sie dialektisch aufzulösen. Weiterhin soll die Möglichkeit erörtert werden, ob und wie die Explikation der Widersprüchlichkeit in *Der Himmel über Berlin* gerade dessen konstruktivere zweite Hälfte vor einer Totalität des Handlungszusammenhangs bewahren kann.

2.4.2 Die bejahte Widersprüchlichkeit in *Der Himmel über Berlin*

Unter Punkt 2.2.1.1 der vorliegenden Arbeit haben wir bereits die Ambivalenz entdeckt, die Homers Verhalten, seinem Textverständnis und Damiels Bezeichnung aller Menschen als Kinder innewohnt. In Damiels Wunsch, ein Mensch zu werden kommt nun die Bejahung solcher unhintergehbarer Widersprüchlichkeit, die alle Bereiche des menschlichen Lebens bestimmt, zum Ausdruck. In *Der Himmel über Berlin* will der Engel Damiel die zeitlose Sicherheit seiner Engelexistenz aufgeben. Er begehrt das typisch Menschliche und damit gerade das Mangelhafte, nämlich das Ambivalente, Unvollkommene und Unsichere des menschlichen Erlebens. Er schätzt ge-

---

175   Wenders gebrauchte den Ausdruck „liebevoller Blick" in Bezug auf den Blick der Engel aus *Der Himmel über Berlin* (Künzel, Uwe, Wim Wenders. A.a.O. S. 215.

176   Derrida, Jacques, Die Struktur, das Zeichen und das Spiel. A.a.O. S. 441. Vgl. hierzu auch: Derrida, Jacques, Die différance. In: Ders., Randgänge der Philosophie. A.a.O. S. 56.
         Vgl. außerdem Punkt 1.7 der vorliegenden Arbeit.

rade das, was die menschlichen Schwierigkeiten verursacht, positiv ein. Das macht den Film auch problematisch. Es stellt sich hier die Frage, ob Wenders mit dem Grauen des Holocaust, das im Film immer wieder anklingt, nicht zu leichtfertig umgeht. Ob er es zu sehr abmildert und zu schnell und zu leicht zum Positiven übergeht. Die Frage ist nicht einfach zu beantworten. Roger Cook stellt Wenders' Bemühen dar, einen neuen und besseren Anfang zu machen und die Zukunft auf menschliche Weise zu gestalten, ohne die Vergangenheit zu verschweigen.[177] Bei aller Notwendigkeit, positiv in die Zukunft zu blicken bleibt bei Wenders' Versuch, mit der Last der Vergangenheit umzugehen, doch die Frage bestehen, ob dies mit genügend Vorsicht und Rücksicht geschieht.

Damiel begibt sich in ein paradoxes Spannungsverhältnis zwischen dem Vollkommenen und dem Mangelhaften. Wobei das Vollkommene gar nicht als vollkommen erscheint, weil ihm ja der Mangel fehlt. Dem Mangel wird ein positiver Wert zugesprochen. Dies bedeutet nicht etwa, dass der Mangel vollständig dem Bereich des Vollkommenen untergeordnet würde und so der Widerspruch auf dialektische Weise aufgelöst wäre. Der Widerspruch bleibt bestehen. Es handelt sich hier um ein Zusammendenken von Gegensätzlichem im Sinne Derridas, das die bipolare Denkordnung übersteigt, obwohl diese nicht überstiegen werden kann.[178] *Der Himmel über Berlin* vermeidet eine eindeutige Gegenüberstellung von gut und schlecht. Vielmehr durchzieht den Film die Spannung zwischen beidem. Es ist auch an sich widersprüchlich, dass diese Spannung klar positiv bewertet wird, denn sie beinhaltet per definitionem auch Negatives. Diese Widersprüchlichkeit ist in mehreren Dialogen erkennbar, die Damiel und Cassiel in der ersten Filmhälfte führen:

---

[177] Cook, Roger, Angels, Fiction and History in Berlin. A.a.O. S. 43-46.

[178] Wie schon an mehreren Stellen angemerkt, deutet Derrida eine solche Transzendierung der metaphysischen Sprach- und Denkordnung unter Anderem in der *différance* an. Siehe hierzu: Derrida, Jacques, Die différance. In: Ders., Randgänge der Philosophie. A.a.O. S. 48f. Vgl. außerdem Punkt 1.6 der vorliegenden Arbeit.

DAMIEL: Es ist herrlich, nur geistig zu leben [...] aber manchmal wird mir meine ewige Geistesexistenz zuviel.

Ich möchte dann nicht mehr so ewig drüberschweben, ich möchte ein Gewicht an mir spüren, das die Grenzenlosigkeit an mir aufhebt und mich erdfest macht.

[...]

Fieber haben, schwarze Finger vom Zeitungslesen, sich nicht immer nur am Geist begeistern, sondern endlich an einer Mahlzeit, einer Nackenlinie, ...einem Ohr.

[...]

"Ach" und "Oh" und "Ah" und "Weh" sagen können, statt "Ja und amen"!

CASSIEL: Ja, und sich einmal auch begeistern können am Bösen. Von den Passanten im Vorbeigehen alle Dämonen der Erde auf sich übertragen und endlich hinaus in die Welt jagen ...

ein Wilder sein![179]

Deutlicher wird Damiels Rede im Dialog der beiden Engel in der Mitte des Films, als sich Damiel bereits für seine Menschwerdung entschieden hat:

CASSIEL: Und du willst wirklich?...

DAMIEL: Ja. Mir selber eine Geschichte erstreiten. Was ich weiß von meinem zeitlosen Herabschauen verwandeln ins Aushalten eines jähen Anblicks, eines kurzen Aufschreis, eines stechenden Geruchs.

Ich bin schließlich lang genug draußen gewesen, lang genug abwesend, lang genug aus der Welt![180]

Die Wörter "erstreiten" und "Aushalten" stellen ambivalente Empfindungen dar. Sie können sowohl Unangenehmes, als auch Angenehmes bezeichnen: "Erstreiten" ist einerseits mit Mühe, Gefahr und Schmerz verbunden; "Aushalten" stellt das passive Gegenstück zum aktiveren "Erstreiten" dar, es bedeutet, sich einer Situation auszuliefern. Andererseits wird beim "Erstreiten" davon ausgegangen, dass am Ende etwas Angenehmes oder Besseres dabei herauskommt. Beim "Aushalten" bleibt immerhin die Hoffnung, dass die unangenehme Situation vorübergeht, dass wir sie überstehen und zumindest noch wertvolle Erfahrungen daraus gewinnen. Zuge-

---

[179] Wenders, Wim und Handke, Peter, Der Himmel über Berlin. a.a.O. S. 19ff.

[180] Ebd. S. 84f.

gebenermaßen stellen ein "jäher Anblick", ein "kurzer Aufschrei" oder ein "stechender Geruch" nicht die schlimmsten Situationen dar, die ein Mensch aushalten muss; bei ihnen überwiegt deutlich die positive Bewertung der Erfahrung, und ihre Bedrohlichkeit wirkt stark abgemildert, weil es sich um nur kurz andauernde Sinneseindrücke handelt. Aber sie verhindern doch eine ungetrübte Idyllisierung der menschlichen Welt und bezeugen auch eine Entwicklung Damiels gegenüber seinen zuvor zitierten Aussagen, in denen er schlimmstenfalls von "Fieber haben" spricht.

Die Dramatik der Ambivalenz spitzt sich noch weiter zu. Unmittelbar vor seiner Menschwerdung thematisiert Damiel gegenüber Cassiel immerhin kurz den Tod.

> Hinein in die Furt der Zeit, die Furt des Todes! Herab von unserem Ausguck der Ungeborenen! Zuschauen ist nicht herabschauen, es geschieht auf Augenhöhe.[181]

Danach wendet er sich wieder idyllischen Vorstellungen von seinem ersten Tag als Mensch zu, bei denen ich mich des Eindrucks einer gewissen Naivität kaum erwehren kann:

> [...]
> Am ersten Tag werde ich mich nur bedienen lassen. Wer was von mir will, den weise ich weiter zum Nebenmann. Wer über meine ausgestreckten Beine stolpert, ... wird sich höflich bei mir entschuldigen. [...] Der Wirt im vollen Lokal wird mir sofort einen freien Tisch finden. Auf der Straße wird ein Dienstwagen vor mir halten, und der Bürgermeister wird mich ein Stück mitnehmen. [...][182]

Die Tatsache, dass Damiel dann ausgerechnet auf dem "Todesstreifen" in Ostberlin Mensch wird, drückt die dunkle Seite der menschlichen Ambivalenz, aber auch Damiels Naivität, in extremer Weise aus. Glücklicherweise kann er gerade noch von Cassiel durch die Mauer auf die Westseite getra-

---

[181]   Ebd. S. 124.
[182]   Ebd. S. 124.

gen werden, sonst wäre sein neugewonnenes Leben vielleicht schnell wieder zu Ende gewesen.

Damiels zitierte Reden und die Umstände seiner Menschwerdung lassen also eine ambivalente Spannung erkennen, die auf die gesamte menschliche Begrifflichkeit zutrifft. Wie um Derridas Aussage, dass kein Sprachzeichen eindeutig ist, zu bekräftigen, zeigen die von Damiel benutzten Wörter „Erstreiten" und „Aushalten" selbst bei flüchtiger Betrachtung eine deutliche Ambivalenz; ihre konnotative Bedeutung oszilliert zwischen „unangenehm" und „angenehm". Diese ununterscheidbare Verwobenheit der gegensätzlichen Bedeutungen in einem Wort stellt die zentrale metaphysische – oder logozentrische – Vorstellung von der Einheit des Wortes in Frage. Und es kündigt sich damit die Überwindung der bipolaren Ordnung im Sinne Derridas an.

Weiterhin zeigt sich in Damiels Worten die Verbindung der Widersprüchlichkeit mit der Zeitlichkeit. Die Sprachzeichen sind in ihrer unhintergehbaren Materialität auch den Veränderungen durch die Zeit ausgesetzt. Die Zeit zerstört die Sicherheit und die Einheit des sprachlichen Zeichens, die jedoch niemals gegeben war. Sie bewirkt die Veränderung der Perspektive bei der Rezeption und stellt damit auch einen Grund der Bedeutungsänderungen dar.

Im Fall der beiden zitierten Wörter Damiels steht die Ambivalenz in offensichtlichem Zusammenhang mit der Zeitlichkeit. Gerade die zeitliche Dimension der Begriffe "Erstreiten" und "Aushalten", also die implizierte zeitliche Begrenztheit der Tätigkeiten, löst deren Bedeutungsumschwung ins Positive aus. Die Zeitlichkeit der menschlichen Welt, die mit ihrer Materialität einhergeht, stellt Damiel der Zeitlosigkeit der Engel ("meinem zeitlosen Herabschauen") gegenüber und bevorzugt sie paradoxerweise klar ("Hinein in die Furt der Zeit, die Furt des Todes!").

2.4.3 Die Widersprüchlichkeit als Mittel zur dekonstruktiven Kontrolle des (re)konstruierten Handlungszusammenhangs

Die zweiteilige Struktur von *Der Himmel über Berlin*[183] ist also durchgehend von Widersprüchen durchsetzt. An einigen Stellen des Films kommt die deutliche Bejahung der Widersprüchlichkeit zum Ausdruck, auch dann noch, wenn sich in der zweiten Filmhälfte der Akzent bereits von einer deutungsoffenen zu einer vorgegebeneren Handlung verschoben hat. Die Widersprüche und deren Bejahung bleiben trotz Hinwendung zum größeren Zusammenhang und trotz eines Umbruchs auf allen Ebenen, nicht nur der Handlungsebene, erhalten, sie treten dann sogar in den Dialogen der Engel umso deutlicher zu Tage.

Die Widersprüchlichkeit durchzieht den gesamten Film *Der Himmel über Berlin* und verbindet somit die jeweils von einer Filmhälfte vertretenen Prinzipien „Auflösung" und „Konstruktion" miteinander. Die Auflösung des überkommenen Zusammenhangs/Systems in der ersten Filmhälfte lässt sich leicht mit dem dekonstruktiven Anliegen Derridas vereinbaren. Die Konstruktion eines neuen Zusammenhangs in der zweiten Hälfte geht zumindest aus der Vorgabe der ersten Hälfte hervor: die Destruktion des alten Zusammenhangs ist die Voraussetzung für die Konstruktion von etwas Neuem. Insofern ist die destruktive und de*kon*struktive Auflösung des traditionellen Zusammenhangs durchaus als Teilstrategie für die Errichtung neuer (und vielleicht besserer) Systeme benutzbar. Sie weist eine gewisse ursächliche Verbindung mit der konstruktiven Seite des menschlichen Alltags auf, sie hat aber nicht mehr daran teil. Die de(*kon*)struktive Seite wäre so, wie sich die erste Filmhälfte von der zweiten unterscheidet, von jeglichem Aufbau von Bedeutung abgegrenzt. Eine solche Abgrenzung ließe sich mit Derrida höchstens in sehr beschränktem Umfang vereinbaren. Es scheint mir aber mehr als fraglich, dass sich die zweite Hälfte von *Der*

---

[183] Zur Einteilung von *Der Himmel über Berlin* in zwei Hälften siehe Punkt 2.1.3 der vorliegenden Arbeit.

Himmel über Berlin tatsächlich so grundlegend von der ersten Hälfte unterscheidet. Vielleicht kann doch gesagt werden, dass auch der konstruktive Aspekt des Films mit Derridas Dekonstruktion vereinbar ist. Und zwar insofern, als auch jene konstruktive Filmhälfte eben keine neue abgeschlossene oder totalitäre Ordnung darstellt. Es könnte darin die Gratwanderung versucht sein, sowohl eine Ordnung einzurichten, um dem menschlichen Bedürfnis nach einer Ordnung nachzukommen, als auch von der Ordnung zu befreien. Nach den Regeln des logischen Denkens ist eine solche Wanderung zwischen den Kategorien nicht vorstellbar. Es wäre höchstens denkbar, einen der beiden Pole so einzuschränken, dass er vom anderen beherrscht wird. Derrida deutet zwar eine Überwindung des logischen oder metaphysischen Denkens an, die die Vereinbarung von Unvereinbarem möglich werden lässt. Bekanntlich müssten wir dazu aber aus unserem immer auch metaphysischen Denken heraussteigen, was wir nicht können. Lassen sich also Zusammenhang und Vereinzelung in einem Film so zusammenstellen, dass beiden widerstreitenden Bedürfnissen vollkommen genüge getan ist? Ich denke nicht. Im *Himmel über Berlin* ist aber der Versuch zu beobachten, einem solchen Ausgleich der Bedürfnisse wenigstens nahe zu kommen. Der Versuch besteht darin, die dekonstruktive Strategie der ersten Filmhälfte auch in der geschlosseneren Handlung der zweiten Hälfte weiterzuführen. Die geordnete Handlung soll so von ihr widerstrebenden Widersprüchen durchsetzt werden, dass sie keine Dominanz mehr ausüben kann. Damit ist allerdings ein mit dem Bedürfnis nach Zusammenhang verbundenes Bedürfnis nach Dominanz zurückgewiesen. Dominanz und Freiheit sind somit nicht vereint. Der Zusammenhang, der in einer solchen Kräftekonstellation noch bleibt, ist lediglich ein Teilaspekt von Zusammenhang, ein simulierter Zusammenhang zu Gunsten der Freiheit oder ein de*kon*struierter Zusammenhang. Die von Wenders angestrebte Lösung stellt also lediglich einen Kompromiss dar. Diesem Kompromiss werde ich im Folgenden nachgehen.

Wim Wenders versucht, eine Ordnung aufzustellen, die nur solange beibehalten wird, wie sie dem Bedürfnis nach Ordnung entspricht, die also jederzeit absetzbar und beherrschbar bleibt. Sie ist sich sozusagen ihrer eigenen Unmöglichkeit bewusst; sie stellt nur eine scheinbare Ordnung dar, die auf ein Bedürfnis antwortet. Und diese Scheinhaftigkeit ist in ihr nicht verleugnet, sondern offen zur Schau gestellt (sie ist sowohl Ordnung – insofern sie wirklich auf ein Ordnungsbedürfnis reagiert – und sie ist ebenso keine Ordnung – insofern sie keine geschlossene Ordnung darstellt, die etwas anderes ausschließt). In einer Ordnung, die solche explizite Nicht-Totalität garantieren könnte, müsste die Gefahr der Totalität entschärft worden sein. Das könnte durch die Infizierung mit der Widersprüchlichkeit, oder vielmehr durch die Verdeutlichung der ohnehin schon immer enthaltenen Widersprüchlichkeit, erreicht werden. Wenn die neu aus den Fragmenten der alten Ordnung aufgebaute Ordnung einem wiederum ihr übergeordneten Ordnungsprinzip, und zwar dem der Widersprüchlichkeit unterworfen wäre, dann wäre die Gefahr einer totalitären Macht gemildert. Die Widersprüchlichkeit würde als oberstes Ordnungsprinzip die Totalität in Schach halten, sie ständig dekonstruieren. Die selbe Bedingung, die auch die notwendige Auflösung der alten totalitären Ordnung mitbewirkt hatte, nämlich die offen gelegte Widersprüchlichkeit, wäre in die neu gebaute Ordnung von Anfang an integriert, als ständige Störung, die verhindert, dass die Ordnung als in sich abgeschlossen verstanden wird. An dieser Stelle ist darauf hinzuweisen, dass eine totalitäre Ordnung auch maßgeblich von der Seite der Rezeption errichtet wird. Die Leserinnen und Leser sehen einen Text entweder als geschlossene und eindeutige Einheit an, oder sie lesen ihn als offenes Netzwerk frei spielender Elemente. Die Autorin/der Autor, die/der für Derrida auch eine Leserin bzw. ein Leser ist,[184] kann nun

---

[184] Der/die AutorIn unterscheidet sich von der Leserin/dem Leser nicht wesentlich, da auch er/sie Texte nicht originär, als Ausdruck seiner/ihrer Identität, hervorbringt, sondern sie aus anderen Texten entwickelt, in einem Spiel aus Differenz und Übereinstimmung. Vgl. Kapitel 1.7 der vorliegenden Arbeit.
Wenders äußerte sich dementsprechend in Bezug auf das Medium Film. Auf die Frage Friedrich Freys „Das ist natürlich auch eine Absage an Genie-Ästhetik?" antwortete er: „Allerdings! Ich finde am Kino ja gerade ausgesprochen wohltu-

entweder versuchen, die Leserkompetenz einzudämmen, indem er alles daransetzt, um in seinem Text Widersprüche zu kaschieren und Eindeutigkeit in seinem Sinne vorzutäuschen. Die Autorin/der Autor kann aber auch von vorn herein Widersprüche offen zulassen und den Text damit den LeserInnen aus freiem Willen zur Verfügung stellen. Genau dieses Anliegen lässt Wenders erkennen, wenn er vermeiden will, den Zuschauerinnen und Zuschauern in seinen Filmen eine Bedeutung aufzuzwingen.[185] Auf die geschlossenere Handlung der zweiten Hälfte von *Der Himmel über Berlin* bezogen, heißt dies, dass er auch dort für die Offenhaltung der Story sorgen muss, will er die Tugenden der ersten Hälfte (und seiner früheren Filme) nicht wieder begraben. Die ständig drohende Dominanz der Geschichte über ihre Elemente, beispielsweise die Bilder, und über die Zuschauerin/den Zuschauer könnte eben durch die oben genannte Offenhaltung der Widersprüche und durch deren Bejahung vermieden werden. Es gäbe dann eine Geschichte, die dem Bedürfnis nach Zusammenhang begrenzt nachkäme, aber den Zusammenhang zugleich dekonstruierte, indem sie auf ihre eigene Widersprüchlichkeit verwiese.

In der zweiten Hälfte von *Der Himmel über Berlin* ist genau dies zu beobachten, dass nämlich die darin praktizierte Konstruktion eines neuen Zusammenhangs immer unter der kontinuierlichen (Anti-)Herrschaft der Widersprüchlichkeit steht. Die Widersprüchlichkeit wird von den Engeln

---

end, daß man da in einer Art Familie drin ist, sozusagen in eine Familie von Bildern hineinarbeitet. Im Kino ist Originalität gar nicht so viel wert und auch gar nicht erstrebenswert. Im Gegenteil: Es freut mich und erleichtert mich, innerhalb einer Sprache und mit einer Grammatik zu arbeiten, die ich als geradezu klassisch empfinde. [...] Ich mag es jedenfalls immer weniger, wenn jemand etwas „erfindet"[...]". (Wenders, Wim, Über das Verfertigen eines Films beim Drehen. Gespräch mit Friedrich Frey. In: Ders., The Act of Seeing. A.a.O. S. 224.)

[185] Vgl. die unter Punkt 2.1 der vorliegenden Arbeit zitierten Aussagen von Wenders: Paneth, Ira, Wim and His Wings. In: Film Quarterly 42.1 (1988). Zitiert nach: Cook, Roger, a.a.O. S. 39. Und. Wenders, Wim, Das Wahrnehmen einer Bewegung. Gespräch mit Taja Gut vom 2. März 1988. In: Wenders, Wim, The Act of Seeing. Texte und Gespräche. Frankfurt/M. 1992. S. 42.

schon explizit geäußert und bejaht, bevor sich die zusammenhängende Geschichte entwickelt. Und ihre Bejahung durch Damiel, der Mensch werden will, bleibt auch dann noch erhalten, wenn die Handlung schon geschlossener geworden ist, sie wird sogar noch entschiedener, und dies aus handlungsbedingter Notwendigkeit. Damiels Menschwerdung, die sich erst in der schon fortgeschrittenen Geschichte ereignen kann, fordert solche Entschiedenheit.

Somit bedeutet die de*kon*struktive Auflösungstendenz der ersten Filmhälfte mehr als nur die destruktive Voraussetzung der zweiten Hälfte: sie setzt sich als eine Art Korrektiv in der zweiten Hälfte fort. Zwar gelingt auch mit dieser Vermischung von Destruktion und Konstruktion nicht die gleichmäßige Erfüllung der entgegengesetzten Bedürfnisse nach Zusammenhang und Freiheit. Vor allem wird der Anspruch der Erzählerfiguren Homer oder Eugene nicht erfüllt, mit Geschichten die Welt zu verbessern.[186] Sie ermöglicht aber immerhin ein Geschichtenerzählen, das den Zuschauerinnen und Zuschauern eine gewisse Eigenständigkeit gewährt.

Ein Überblick über die Gesamtstruktur der Handlung lässt diese dekonstruktive Tendenz erkennen, die ihr Verständnis als geschlossene Einheit stört. Die Handlung bildet keine Einheit, weil sie zu keinem endgültigen Abschluss gebracht wird: am Schluss steht sowohl der gesprochene Wortlaut, als auch die Schrift „Fortsetzung folgt".[187] Und dieser Satz kann nicht etwa doch als ein floskelhafter oder metaphorischer Schlusssatz interpretiert werden, da dem Film nach einigen Jahren tatsächlich eine Fortsetzung folgte. Wieder haben wir also ein Paradox: der Schluss des Films ist so-

---

[186] Eugene sagt in *Bis ans Ende der Welt*: „Ich schrieb, weil ich an die Wahrheit glaubte und an die heilende Kraft von Wort und Geschichten."

[187] „Der Himmel über Berlin hört ja da auf, wo es eigentlich erst anfängt. Und der Film ist streng genommen wirklich nur ein Prolog, das Versprechen einer Geschichte, einer Liebesgeschichte. Nicht zuletzt deswegen steht da am Schluß: ‚Fortsetzung folgt.'" (Wenders, Wim, Das Wahrnehmen einer Bewegung. A.a.O. S. 49.)

wohl der Schluss (denn er beschließt immerhin den Film), als auch kein Schluss (denn er lässt die Handlung unabgeschlossen).

Auch die Einteilung des Films in zwei Hälften bedeutet keine geschlossene Struktur. Zum Einen kann, wie ich bereits unter Punkt 2.1.3 dieser Arbeit angemerkt habe, der Film nur unter starker Vergröberung in zwei Hälften geteilt werden, da die Übergänge fließend sind. Zum Anderen weist der Handlungsverlauf insofern Widersprüche auf, als Damiel bereits als Engel typisch menschliche Voraussetzungen erfüllt, dass er sich z.b. auf menschliche Weise verlieben kann (vgl. Punkt 2.1.3.2 dieser Arbeit).

Die hier dargestellte Öffnung der Handlungsstruktur lässt sich auf Wenders' Filmschaffen hin ausweiten. Wie im *Himmel über Berlin* versucht wird, Zusammenhang und Vereinzelung zusammenzubringen, steht Wenders in seiner Arbeit allgemein vor der Aufgabe, seine Sehnsucht nach Einheit mit der erfahrenen Unerreichbarkeit der Einheit zu vermitteln. Wie ich bereits dargelegt habe, zieht Wenders aus dieser unlösbaren Spannung weder die Konsequenz, in Destruktion oder Nihilismus zu verfallen, noch eine ungeteilte Idylle vorzutäuschen. Er nimmt vielmehr die Widersprüchlichkeit in Kauf, bejaht sie sogar und versucht, mit den Gegensätzen auf praktische Weise zurechtzukommen. Vor diesem Hintergrund erscheint der Kompromiss, den Wenders in *Der Himmel über Berlin* erreicht hat, beispielhaft für sein gesamtes Filmschaffen.

3 Schluss

Am Ende dieser Arbeit können einige Übereinstimmungen zwischen den untersuchten Filmen von Wim Wenders und der Literaturtheorie Jacques Derridas vermerkt werden. Die Tendenz zur Auflösung des Handlungszusammenhangs, die Vorliebe für einzelne Elemente, wie vor allem Bilder, bei Wenders ist mit Derridas Dezentrierung der Textstruktur durchaus vergleichbar. Das freie Spiel der Strukturelemente, das Derrida propagiert, scheint bei Wenders allerdings eingeschränkt, spätestens seit seiner stärkeren Wertschätzung der Geschichten. Sein Bestreben, die einzelnen Bilder nun in einen Zusammenhang einzuordnen, muss aber nicht unbedingt auf eine programmatische Abkehr von den Bildern und auch auf keine Hinwendung zu einem metaphysisch geschlossenen Weltbild schließen lassen, in dem Geschichten von einem eindeutigen Zentrum her ihre Bedeutung verteilen. Eher dürfte für Wenders ein Bedürfnis nach mehr Zusammenhang den Ausschlag gegeben haben, das aus der immer unübersichtlicher gewordenen Flut von Bildern in den neuen Medien resultiert. Wenders zeigt sich bestrebt, das Bedürfnis nach Zusammenhang, Überblick und Sicherheit, das er in Geschichten eher erfüllt sieht als in Bildern, mit dem entgegengesetzten Bedürfnis nach Kontextfreiheit zu verbinden. Bei diesem Versuch verschiebt sich seine Perspektive auf die Bilder von dem Aspekt der Zusammenhangslosigkeit, den er früher sehr positiv bewertete, zu dem der Nicht-Identität. Wir haben gesehen, dass er auch diesen Aspekt nicht erst seit seiner Wendung zu den Geschichten bemerkt hat, sondern dass seine Filme schon von Anfang an die Fähigkeit eines jeden Ausdrucksmittels, auch der Bilder, zu identischer Repräsentation bezweifeln. Aus einer seiner früheren Aussagen, die in Kapitel 2.1 zitiert wurde, geht hervor, dass einzelne Bilder für Wenders deswegen eher der Realität entsprechen als Geschichten, weil in seiner Erfahrung unzusammenhängende Einzelerlebnisse viel häufiger vorkommen, als Zusammenhänge. Deswegen, und nicht weil er ihnen die Identität mit einem Denotat zutraute, bevorzugte Wenders die Bilder als das wahrhaftigere Medium. Wenn er später das Prädikat der Wahrhaftigkeit nicht mehr den Bildern, sondern den Geschichten zuspricht, dann dürfte das dadurch begründet sein, dass er nun auch in seinem persönlichen Erleben einen anderen Aspekt fokussierte. Nämlich den Aspekt des selektiven Wahrnehmens. Diese Selektion, die jedes Erleben von vorn herein begleitet und die die Subjektivität der Wahrnehmung mitbestimmt, ist in Geschichten stärker wiederzuerkennen als in Bildern. Geschichten betonen stärker die Möglichkeit, das Leben selbst zu gestalten. Damit eine Geschichte aber für eine eigenständige Lebensgestaltung hilfreich sein kann, muss sie der Rezipientin oder dem Rezipienten genügend Offenheit lassen und darf ihr/ihm keine vorgefertigte Bedeutung aufzwingen. Gerade kontextfreie Bilder können solche Offenheit bewirken. So erklärt sich Wenders' Bemühen, zwischen beiden ,Prinzipien' Bild und Geschichte zu vermitteln. Immer wieder zeigt Wenders, dass ihm die Eigenständigkeit der Zuschauerinnen und Zuschauer viel bedeutet. Das Interesse an den künstlerischen Ausdrucksmedien wird in vielen seiner Filme in enge Verbindung mit der Rezeptionsseite gebracht. Auch in *Bis ans Ende der Welt* erweist sich die Geschichte erst dann als wertvoll, wenn sie Claire helfen kann. In diesem Film erscheinen Geschichten als Rettung vor der übergroß gewordenen Menge der Bilder. Ein solches Maß an Zusammenhangslosigkeit hält Wenders offenbar für unerträglich. Er versäumt es aber nicht, den Erzähler Eugene und über ihn auch das Prinzip „Geschichte", mit einer Aura der Naivität und der Erfolglosigkeit zu umgeben. Ebenso wie der Erzähler Homer aus *Der Himmel über Berlin* bleibt auch Eugene über den ganzen Film alleine. Auch seine Erzählung kann die gescheiterte Beziehung zu Claire nicht retten. Er jagt seinem Ziel, nämlich Claire, um die ganze Welt nach, obwohl seine Hoffnung aussichtslos ist. Selbst als sich das Schicksal kurz vor Ende des Films zu seinen Gunsten zu wenden scheint, weil Claire sich von Sam entfremdet, bleibt seine Sehnsucht letztendlich genauso unerfüllt wie die Utopie Homers oder das Projekt Friedrichs, der in *Lisbon Story* versucht, Bilder zu erzeugen, die mit ihrem Gegenstand identisch sind.

In den genannten Aspekten der Rezeptionsorientierung, der Nicht-Identität und der Dezentrierung gleichen sich Wenders und Derrida einander an. Eine weitere sehr wichtige Übereinstimmung zwischen beiden Denk- und Darstellungsweisen bildet ihre unauflösbare Widersprüchlichkeit. Sowohl Derrida als auch Wenders legen die Unerklärbarkeit und die Uneindeutigkeit der Welt offen und stellen sie nicht so sehr als Defizit dar, sondern nehmen sie zum Anlass, ihre Weltsicht zu korrigieren. In Wenders' Ideal des kindlichen Blicks deutet sich wie in Derridas Spielbegriff und in seinem Motiv der *différance* eine ‚Ordnung' jenseits des logischen bipolaren Denkens an, in der Entgegengesetztes vereinbar ist, obwohl es seine Unvereinbarkeit behält. Wenders versucht durchaus, eine solche Verbindung des Unverbindbaren in seinen Filmen wenigstens in Form eines Kompromisses zu verwirklichen. Dies zeigt besonders die doppelte Struktur von *Der Himmel über Berlin*, in der die von den Engeln bejahte Widersprüchlichkeit zur Vermittlerin wird. Andererseits scheinen manche Versuche, Bilder und Geschichte zusammenzubringen, die an anderen Stellen verdeutlichte Nicht-Identität der Bilder nicht zu beachten. Die an Homer und in der Bar-Szene von *Der Himmel über Berlin* dargestellte Ergänzung von Bild und Erzählung geht offenbar davon aus, dass Bilder doch einen direkten Bezug zur Realität herstellen. Insgesamt lassen Wenders' Filme keine eindeutige Abwendung von der Vorstellung identischer Repräsentation oder der Selbstidentität des Subjekts erkennen. Die von den Filmfiguren geäußerte Sehnsucht nach Sicherheit, Identität und unmittelbarer Kommunikation tritt immer wieder in Widerspruch zu Anliegen der Dekonstruktion. Aber bekanntlich sind solche Widersprüche im Denken der Dekonstruktion selbst enthalten, und es geht ihr ja gerade darum, Widersprüche bestehen zu lassen.

Bei der Suche nach Übereinstimmungen zwischen der Dekonstruktion und Wenders' Filmen besteht natürlich die Gefahr, die auf beiden Seiten so betonte Aporie zu vernachlässigen und zu meinen, in einer schlüssigen Argumentation Wenders und Derrida entweder zur Deckung bringen oder klar unterscheiden zu können. Dem steht schon die dekonstruktive Einsicht entgegen, dass es nicht möglich ist, aus den Filmen Wenders' Intention herauszufiltern. Auch seinen scheinbar unmittelbaren Aussagen über seine Filme ist keine eindeutige Wahrheit zu entlocken. Zudem ist die Wirklichkeit so komplex und ambivalent, dass auch Wenders selbst, wenn er über seine Filme spricht oder auch nur nachdenkt, lediglich einzelne Aspekte berücksichtigen kann und andere dabei unberechtigter- und wohl auch ungewollterweise ausschließen muss.

Dennoch ist auch der Ausstieg aus dem kausalen Denken nicht die erwünschte Lösung, und es bleibt die Aufgabe bestehen, nach Spuren zu suchen.

So erweist sich am Ende auch diese Arbeit als ein Spiel, von dem eindeutige Lösungen nicht zu erwarten sind.

4 Filmografie Wim Wenders

1970 *Summer in the City. Dedicated to the Kinks* (Buch, Produzent, Regie)
BR Deutschland 1970
Produktionsfirma: Hochschule für Fernsehen und Film München.

1971 *Die Angst des Tormanns beim Elfmeter* (Buch – nach dem gleichnamigen Roman von Peter Handke –, Regie)
BR Deutschland / Österreich 1971
Prod.: Filmverlag der Autoren, München; Telefilm AG, Wien; WDR, Köln.

1972 *Der scharlachrote Buchstabe* (Buch, Regie)
BR Deutschland / Spanien 1972
Prod.: Filmverlag der Autoren, München; WDR, Köln; Elias Querejata, Madrid.

1973 *Alice in den Städten* (Buch, Regie)
BR Deutschland 1973
Prod.: Filmverlag der Autoren, München; WDR, Köln.

1975 *Falsche Bewegung* (Regie)
BR Deutschland 1975
Prod.: Solaris Film, München; WDR, Köln.

1976 *Im Lauf der Zeit* (Buch, Produzent, Regie)
BR Deutschland 1976
Prod.: Wim Wenders Produktion, München; WDR, Köln.

1977 *Der amerikanische Freund* (Buch, Regie)
BR Deutschland / Frankreich 1977
Prod.: Road Movies, Berlin; Les Films du Losange, Paris; Wim Wenders Produktion, München; WDR, Köln.

1980 *Nick's Film – Lightning over Water* (Buch, Regie, Schnitt, Darsteller)
BR Deutschland / Schweden 1980
Prod.: Road Movies, Berlin; Wim Wenders Produktion, München; Viking-Film, Stockholm.

1982 *Hammett* (Regie)
USA 1982
Prod.: Zoetrope Studios, San Francisco; Orion Pictures, New York.

1982 *Der Stand der Dinge* (Buch, Regie)
BR Deutschland / Portugal / USA 1982
Prod.: Road Movies, Berlin; Wim Wenders Produktion, Berlin; Gray City Inc., New York; Pro-ject Filmproduction, München; ZDF, Mainz; Pari Films, Paris; Musidora, Madrid; Film International, Rotterdam; Artificial Eye, London.

1984 *Paris, Texas* (Regie)
BR Deutschland / Frankreich / England 1984
Prod.: Road Movies, Berlin; Argos Films, Paris; WDR, Köln; Channel 4, London; Pro-ject Filmproduktion im Filmverlag der Autoren, München.

1985 *Tokyo-Ga* (Buch, Regie, Schnitt)
BR Deutschland / USA 1985
Prod.: Wim Wenders Produktion, Berlin; Gray City, New York; Chris Sievernich Produktion, Berlin; WDR, Köln.

1987 *Der Himmel über Berlin* (Buch – in Zusammenarbeit mit Peter Handke –, Produzent, Regie)
BR Deutschland / Frankreich 1987
Prod.: Road Movies, Berlin; Argos Films, Paris; WDR, Köln.

1989 *Aufzeichnungen zu Kleidern und Städten* (Buch, Regie)
BR Deutschland / Frankreich 1989
Prod.: Road Movies, Berlin; Centre National d'Art et de Culture George Pompidou, Paris

1991 *Bis ans Ende der Welt* (Buch, Produzent, Regie)
BR Deutschland / Frankreich / Australien 1991
Prod.: Road Movies, Berlin; Argos Films, Paris; Village Roadshow.

1993 *In weiter Ferne, so nah!* (Buch, Produzent, Regie)
Deutschland 1993
Prod.: Road Movies; Tobis Filmkunst.

1994 *Lisbon Story* (Buch, Regie)
Deutschland / Portugal 1994
Prod.: Road Movies; Madagoa.

1995 *Jenseits der Wolken* (*Par-Delà les Nuages*) (Buch, Regie – zusammen mit Michelangelo Antonioni)
Deutschland / Frankreich 1995
Prod.: Road Movies; Sunshine Cine B; France 3 Cinéma; Cecchi Gori.

1996 *Die Gebrüder Skladanowsky* (Buch, Produzent, Regie, Darsteller)
Deutschland 1996
Prod.: Road Movies; Hochschule für Fernsehen und Film München.

1997 *Am Ende der Gewalt* (Buch, Produzent, Regie)
Frankreich / Deutschland / USA 1997
Prod.: Road Movies; Ciba Pictures; Kintop Pictures.

1998 *Buena Vista Social Club* (Buch, Regie)
Deutschland / USA / Kuba 1998
Prod.: Road Movies; Kintop Pictures; Institudo Cubaneo del arte e Industrias Cinematográficos (ICAIC); arte.

2000 *The Million Dollar Hotel* (Produzent, Regie)
Deutschland / USA 2000
Prod.: Road Movies; Icon Prod.; Kintop Pictures.

2000 *Viel passiert – Der BAP-Film* (Buch, Regie)
Deutschland 2000

Kurzfilme:

1967 Schauplätze

1967 Same Player Shoots Again

1968 Silver City

1968 Alabama: 2000 Light Years

1969 Polizeifilm

1969 3 amerikanische LP's

1974 Aus der Familie der Panzerechsen/Die Insel.

1982 Reverse Angle

1982 Chambre 666

1992 Arisha, the Bear and the Stone Ring

5 Literatur

5.1 Zu Jacques Derrida

Burkhart, Maximilian G. und Gaiser, Anne Carolin, „Wenn man schon am Anfang zu stolpern beginnt..." Zu Theorie und Praxis der Dekonstruktion, am Beispiel Jacques Derridas Kafka-Lektüre *Préjugés. Vor dem Gesetz.* In: Jahraus, Oliver und Scheffer, Bernd (Hgg.), Interpretation, Beobachtung, Kommunikation: avancierte Literatur und Kunst im Rahmen von Konstruktivismus, Dekonstruktivismus und Systemtheorie. Tübingen 1999. S. 35-66.

Culler, Jonathan, Dekonstruktion. Derrida und die poststrukturalistische Literaturtheorie. Reinbek 1988. (Amerikanische Originalausgabe: On Deconstruction. Theory and Criticism after Structuralism. New York 1982.)

Derrida, Jacques, Die différance. In: Ders., Randgänge der Philosophie. Hg. v. Peter Engelmann. Wien ²1999. S. 31-56. (Erstauflage der deutschen Übersetzung 1988. Französisches Original: Marges de la philosophie. Paris 1972.)

Derrida, Jacques, Dissemination. Hg. v. Peter Engelmann. Übers. v. Hans-Dieter Gondek. Wien 1995. (Französisches Original: La dissémination. Paris 1972.)

Derrida, Jacques, Die Struktur, das Zeichen und das Spiel im Diskurs der Wissenschaften vom Menschen. In: Ders., Die Schrift und die Differenz. Frankfurt/M. 1976. S. 422-442. (Französisches Original: L'écriture et la différence. Paris 1967.)

Derrida, Jacques, Freud und der Schauplatz der Schrift. In: Die Schrift und die Differenz. Frankfurt/M. 1976. S. 302-350.

Derrida, Jacques, Grammatologie. Frankfurt/M. 1974. (Französisches Original: De la grammatologie. Paris 1967).

Derrida, Jacques, Husserls Weg in die Geschichte am Leitfaden der Geometrie. Übersetzt v. R. Henschel u. A. Kop. München 1987.

Derrida, Jacques, Positionen. Gespräche mit Henri Ronse, Julia Kristeva u.a. Graz u. Wien 1986.

Derrida, Jacques, Préjugés. Vor dem Gesetz. Hg. v. Peter Engelmann. Wien 1992.

Derrida, Jacques, Signatur Ereignis Kontext. In: Ders., Randgänge der Philosophie. Hg. v. Peter Engelmann. Wien ^{2}1999. S. 325-351. (Erstauflage der deutschen Übersetzung 1988. Französisches Original: Marges de la philosophie. Paris 1972.).)

Habermas, Jürgen, Überbietung der temporalisierten Ursprungsphilosophie: Derridas Kritik am Phonozentrismus und Exkurs zur Einebnung des Gattungsunterschieds zwischen Philosophie und Literatur. In: Habermas, Jürgen, Der philosophische Diskurs der Moderne. Frankfurt/M. ^{4}1993. S. 191-247.

Köpper, Anja, Dekonstruktive Textbewegungen. Zu Lektüreverfahren Derridas. Wien 1999.

Lacan, Jacques, Das Seminar von Jacques Lacan, Buch I (1952-1954): Freuds technische Schriften. Übers. v. Werner Hamacher, Nach dem v. Jacques-Alain Miller hergestellten französischen Text in deutscher Sprache hg. v. Norbert Haas. Olten und Freiburg 1978.

Lacan, Jacques, Schriften I. Ausgewählt und hg. v. Norbert Haas. Übers. v. Rodolphe Gasché, Norbert Haas, Klaus Laermann u. Peter Stehlin unter Mitwirkung v. Chantal Creusot. (=Das Werk von Jacques Lacan. In deutscher Sprache hg. v. Norbert Haas und Hans-Joachim Metzger) Weinheim und Berlin 1986.

Renner, Rolf Günter, Die postmoderne Konstellation. Theorie, Text und Kunst im Ausgang der Moderne. Freiburg 1988.

Tonn, Ralf, Zwischen Rezeption und Revision: Derrida in der amerikanischen Literaturwissenschaft, mit besonderer Berücksichtigung der ‚Yale-critics'. Europäische Hochschulschriften: Reihe 14, Angelsächsische Sprache und Literatur, Bd. 369. Frankfurt a. M. u.a. 2000.

Valentin, Joachim, Atheismus in der Spur Gottes: Theologie nach Jacques Derrida. (Diss. zugl. 1996.) Mainz 1997.

Valentin, Joachim, Différance und autonome Negation. Zur (Un)Vereinbarkeit von idealistischer Philosophie und Dekonstruktion. In: Valentin, Joachim / Wendel, Saskia (Hgg.), Unbedingtes Verstehen?! Fundamentaltheologie zwischen Erstphilosophie und Hermeneutik. Regensburg 2001, 103-114.

5.2 Zu Wim Wenders

Berghahn, Daniela, '...womit sonst kann man heute erzählen als mit Bildern?' Images and Stories in Wim Wenders' *Der Himmel über Berlin* and *In weiter Ferne, so nah!* In: Morrison, Jeff und Krobb, Florian (Hgg.), Text Into Image: Image Into Text. Amsterdam u. Atlanta 1997. S. 329-338.

Bromley, Roger, From Alice to Buena Vista. The Films of Wim Wenders. Westport, CT, London 2001.

Buchka, Peter, Augen kann man nicht kaufen. Wim Wenders und seine Filme. Frankfurt/M. 1985. (Erstausgabe: München und Wien 1983.)

Caldwell, David und Rea, Paul W., Handke's and Wenders's *Wings of Desire*: Transcending Postmodernism. In: The German Quarterly. Vol. 64, Number 1, 1991. Cherry Hill, New Jersey. S. 46-54.

Cook, Roger, Angels, Fiction and History in Berlin: Wim Wenders' *Wings of Desire*. In: The Germanic Review 66 (1991). S. 34-47. Wiederabgedruckt in: Cook, Roger und Gemünden, Gerd (Hgg.), The Cinema of Wim Wenders. Image, Narrative and the Postmodern Condition. Detroit 1997. S. 163-190.

Cook, Roger und Gemünden, Gerd (Hgg.), The Cinema of Wim Wenders. Image, Narrative and the Postmodern Condition. Detroit 1997.

Jansen, Peter W. und Schütte, Wolfgang (Hgg.), Wim Wenders. (=Reihe Film, 44.) München und Wien 1992.

Kolditz, Stefan, Kommentierte Filmografie. In: Jansen, Peter W. und Schütte, Wolfgang (Hgg.), Wim Wenders. (=Reihe Film, 44.) München und Wien 1992. S. 103-314.

Künzel, Uwe, Wim Wenders. Ein Filmbuch. 3. erw. Auflage Freiburg 1989.

Müller, André, Das Kino könnte der Engel sein. André Müller spricht mit Wim Wenders über seinen Film Der Himmel über Berlin. In: Der Spiegel 43 (1987) S. 230-238.

Rauh, Reinhold, Wim Wenders und seine Filme. (=Reihe Heyne Filmbibliothek, 32/144. Hg. v. Bernhard Matt.) München 1990.

Schleicher, Harald, Film-Reflexionen. Autothematische Filme von Wim Wenders, Jean-Luc Godard und Federico Fellini. (=Medien in Forschung und Unterricht, Serie A, Bd. 32) Tübingen 1991.

Visarius, Karsten, Das Versagen der Sprache. oder: His Master's Voice. In: Jansen, Peter W. und Schütte, Wolfgang (Hgg.), Wim Wenders. (=Reihe Film, 44.) München und Wien 1992. S. 43-64.

Wenders, Wim und Handke, Peter, Der Himmel über Berlin. Ein Filmbuch. Frankfurt/M. [6]1995 (erste Auflage 1987).

Wenders, Wim, Das Wahrnehmen einer Bewegung. Gespräch mit Taja Gut, geführt in Berlin am 2. März 1988. In: Wenders, Wim, The Act of Seeing. Texte und Gespräche. Frankfurt/M. 1992. S. 37-56.

Wenders, Wim, Der Zeit einen Sprung voraus sein. Gespräch mit Paul Püschel und Jan Thorn-Prikker über Fotografie, Malerei und Film. In. Ders., The Act of Seeing. Texte und Gespräche. Frankfurt/M. 1992. S. 164-174. (Erstveröffentlichung in: Kulturchronik, August 1991)

Wenders, Wim, Die Wahrheit der Bilder. Zwei Gespräche mit Peter W. Jansen. In: Wenders, Wim, The Act of Seeing. Texte und Gespräche. Frankfurt/M. 1992. S. 57-87.

Wenders, Wim, Mauern und Zwischenräume. Gespräch mit Jochen Brunow. In. Ders., The Act of Seeing. Texte und Gespräche. Frankfurt/M. 1992. S. 246-259.

Wenders, Wim, The Urban Landscape. Rede vor japanischen Architekten auf einem Symposium in Tokyo am 12.10.1991. In: Ders., The Act of Seeing. Texte und Gespräche. Frankfurt/M. 1992. S. 116-128.

Wenders, Wim, Über das Verfertigen eines Films beim Drehen. Gespräch mit Friedrich Frey. Erstveröffentlichung in: Frankfurter Rundschau, 10.9.1988. Wiederabgedruckt in: Wenders, Wim, The Act of Seeing. Texte und Gespräche. Frankfurt/M. 1992. S. 221-234.

Wenders, Wim, Unmögliche Geschichten. In: Töteberg, Michael (Hg.), Die Logik der Bilder. Essays und Gespräche. Frankfurt/M. 1993.